Lösungsheft

¡Eso sí! I

Spanisch für Anfänger

Ernst Klett Verlag
Stuttgart München Düsseldorf Leipzig

¡Eso sí! I – Lösungsheft

von

Ulla Håkanson,
Joaquín Masoliver,
Gunilla Sandström

Bearbeitung der deutschen Ausgabe
durch die Verlagsredaktion Weiterbildung Fremdsprachen

Bearbeitung dieses Buches:
Cristina Palaoro

Umschlagfoto: Sabine Segoviano-Rosenblum

Inhalt

Lektion	Seite	Lektion	Seite	Lektion	Seite
1	3	16	18	31	39
2	3	17	19	32	40
3	4	18	21	33	41
4	5	19	22	34	43
5	6	20	24	35	44
6	7	21	25	36	46
7	9	22	26	37	48
8	10	23	28	38	51
9	11	24	30	39	52
10	12	25	31	40	54
11	13	26	32		
12	14	27	33	A	56
13	15	28	34	B	58
14	16	29	36	C	59
15	17	30	37	D	61

1. Auflage 1 6 5 4 | 1999 98

Alle Drucke dieser Auflage können im Unterricht nebeneinander benutzt werden, sie sind untereinander unverändert. Die letzte Zahl bezeichnet das Jahr dieses Druckes.

Umschlaggestaltung: Dieter Gebhardt, Asperg.
Satz: Computext, Stuttgart.
Druck: Stuttgarter Druckerei GmbH, Stuttgart. Printed in Germany.
ISBN 3-12-514420-5

1 Sí, soy yo

1 ¡Buenas tardes!

– Buenas tardes. **Me llamo** Gerd Müller. ¿Y usted?
○ **Me llamo** Pilar Núñez.
– ¡Adiós, **buenas** noches!
○ **¡Adiós! ¡Hasta** el jueves!

5 No, soy yo

Lösungsvorschlag:
A – Me llamo Petra, Petra Fischer. ¿Y tú/usted?
  ○ Me llamo Silvia, Silvia Heinrich.
B – Hola, Mirta.
  ○ Hola, buenos días.
C – ¿Es usted el señor Völker?
  ○ No, no me llamo Völker. Soy Alfred Göbel./Sí, soy Peter Völker.

6 La profesora Vázquez

– ¡**Buenos** días!
○ ¡Hola, **buenos** días!
– ¿**Es** usted la profesora Vázquez?
○ ¿**Yo**? No, yo **soy/me llamo** Blanca Núñez.
– ¿Y quién **es** la profesora Vázquez?
○ No **sé**.

7 ¿Quién es?

A – ¿Quién es? ¿Willy Brand?
  ○ No, es García Márquez.
B – ¿Quién es? ¿Paloma Picasso?
  ○ Sí, es Paloma Picasso.
C – ¿Quién es? ¿García Márquez?
  ○ No, es Juan Carlos.
D – ¿Quién es? ¿Montserrat Caballé?
  ○ No, es Gabriela Sabatini.
E – ¿Quién es? ¿Hans-Dietrich Genscher?
  ○ No, es Willy Brand.
F – ¿Quién es? ¿Juan Carlos?
  ○ No, es Hans-Dietrich Genscher.
G – ¿Gabriela Sabatini?
  ○ No, es Montserrat Caballé.

9 Traducción – Übersetzung

– Buenos días. Soy Lothar Schmidt.
○ Buenos días. Me llamo Pedro Jiménez.
– ¿Y cómo se llama usted?
△ Soy Agustín Martínez.

– Hola, Nuria. ¿Qué tal?
○ Hola, Susanne. Bien. ¿Y tú?
– Bien, (chica), bien.
○ Adiós, hasta el viernes.
– Adiós.

10 Sopa de letras – Buchstabensuppe

M	A	R	N	O	L	L	U	O	T	O	C	C	A	I	X	M	A	Z	O
I	T	R	L	A	M	E	D	O	M	I	N	G	O	R	U	T	T	S	O
P	R	A	U	C	L	A	O	T	A	M	A	P	A	D	E	D	E	T	E
R	G	T	N	A	B	U	X	O	R	N	O	S	O	L	A	N	I	T	I
B	E	R	E	A	X	Z	A	A	T	N	O	L	I	C	R	U	E	N	O
A	B	C	S	A	M	I	R	R	E	T	U	L	S	E	V	E	U	J	I
F	A	G	O	J	U	L	M	A	S	T	R	U	I	B	U	R	S	O	L
A	M	I	E	R	C	O	L	E	S	U	N	V	I	N	T	O	F	R	E

2 América Latina – Europa

3 España – Madrid

Venezuela – Caracas
México – México (Distrito Federal)
Guatemala – Guatemala
Honduras – Tegucigalpa
El Salvador – San Salvador
Nicaragua – Managua
Costa Rica – San José
Panamá – Panamá
República Dominicana – Santo Domingo
Puerto Rico – San Juan
Cuba – La Habana
Colombia – Bogotá
Ecuador – Quito
Perú – Lima
Bolivia – La Paz
Paraguay – Asunción
Uruguay – Montevideo
Argentina – Buenos Aires
Chile – Santiago

5 ¿En qué país?

Hörverstehenstext:

1 Mañana el equipo español de fútbol se enfrenta en **Venezuela** al equipo colombiano.
2 El Presidente del gobierno argentino ha dicho que visitará pronto **Uruguay**.
3 El próximo mes se inaugura en **Ecuador** una importante exposición de arte moderno.
4 Se celebra en **Argentina** un encuentro de escritores de lengua castellana.
5 Televisión Española está rodando en **Cuba** una película sobre la vida de José Martí.

Hörverstehensübung:

1 Venezuela
2 Uruguay
3 Ecuador
4 Argentina
5 Cuba

6 ¿Cómo se llama?

1 España – Madrid
2 Francia – París
3 Austria – Viena
4 Suiza – Berna
5 Polonia – Varsovia

8 ¿Qué país es?

1 México
México D. F.

2 España
Madrid

3 Austria
Viena

4 Italia
Roma

5 Chile
Santiago

6 Venezuela
Caracas

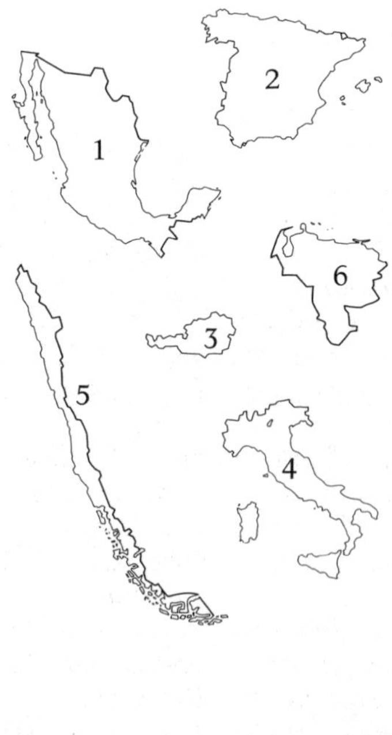

9 Don Quijote

1 Don Quijote → c) España
2 Isabel Allende → h) Chile
3 Gabriel García Márquez → e) Colombia
4 Mercedes Sosa → f) Argentina
5 Fidel Castro → a) Cuba
6 Mario Vargas Llosa → g) Perú
7 Oscar Arias → d) Costa Rica
8 Frida Kahlo y Diego Rivera → b) México

10 «ÑASPAE» = ESPAÑA

País	Español		País	Español	
	Sí	No		Sí	No
1 Austria		x	7 Inglaterra		x
2 Brasil		x	8 Nicaragua	x	
3 Colombia	x		9 Paraguay	x	
4 Dinamarca		x	10 Portugal		x
5 España	x		11 Uruguay	x	
6 Francia		x	12 Venezuela	x	

3 En el aeropuerto

1 ¿Qué palabra es?

Hörverstehenstext:
siete – cinco – seis – cuatro – dos – nueve – diez – ocho – siete – cuatro – cinco

Hörverstehensübung:
La palabra es:
INFORMACIÓN

2 ¿Qué puerta es?

1 – El avión para Roma, ¿qué puerta es, por favor?
○ Puerta número seis.
– Muchas gracias.

2 – El avión para Barcelona, ¿qué puerta es, por favor?
○ Puerta número uno.
– Muchas gracias.

3 – El avión para Lisboa, ¿qué puerta es, por favor?
○ Puerta número siete.
– Muchas gracias.

4 – El avión para París,
¿qué puerta es, por favor?
○ Puerta número nueve.
– Muchas gracias.
5 – El avión para Buenos Aires,
¿qué puerta es, por favor?
○ Puerta número diez.
– Muchas gracias.
6 – El avión para Copenhague,
¿qué puerta es, por favor?
○ Puerta número tres.
– Muchas gracias.
7 – El avión para Londres,
¿qué puerta es, por favor?
○ Puerta número cuatro.
– Muchas gracias.
8 – El avión para Hamburgo,
¿qué puerta es, por favor?
○ Puerta número ocho.
– Muchas gracias.
9 – El avión para Málaga,
¿qué puerta es, por favor?
○ Puerta número dos.
– Muchas gracias.

3 ¡Buenos días!

– Buenos días, señorita.
○ **Buenos días**, señora Blanco. ¿Cómo está usted?
– Muy **bien**, gracias. ¿Y **usted**?
○ Bien, **gracias**.

5 Preguntas – Fragen

Lösungsvorschlag:
1 ¿De dónde es usted?
2 ¿Qué puerta es, por favor?
3 ¿Cómo se llama usted?
4 ¿Dónde está Argentina?
5 ¿Cómo está usted?

6 Respuestas – Antworten

1	¿Cómo está usted?	→ c)	Regular, chica, regular.
2	¿Se llama usted Eva?	→ d)	No, yo soy Diana.
3	¿Cómo se llama usted?	→ e)	Rudolf Völk.
4	¿Los lavabos, por favor?	→ a)	No sé, señorita.
5	¿Dónde está Marruecos?	→ b)	En África.

4 Pesetas, periódicos y postales – En la consigna

1 ¿Cómo se llama la señora?

Lösungsvorschlag:
1 (La señora) se llama Menéndez.
2 Lleva dos maletas.
3 No, una roja y una negra.
4 Está en la consigna.
5 Ana es su hija.
6 No, Ana lleva tres bolsos y una mochila.
7 En la mochila hay un libro, tebeos, el plano de Madrid, un walkman y casetes.
8 No, yo no llevo un walkman en el bolso/la mochila./Sí, yo también llevo un walkman en el bolso/la mochila.
9 Llevo blusas, chaquetas, libros ...

2 Sellos

Lösungsvorschlag:

Kunde:	Un sello, por favor.
Verkäufer:	¿Para qué país?
Kunde:	Para México.
Verkäufer:	Tenga.
Kunde:	(Muchas) gracias.

3 En la aduana

Lösungsvorschlag:

Zollbeamter:	Su pasaporte, por favor.
Reisende/r:	Tenga.
Zollbeamter:	¿Es usted el señor/la señora ... ?
Reisende/r:	Sí, soy la señora/el señor ... .
Zollbeamter:	¿Qué hay en la bolsa?
Reisende/r:	¿En qué bolsa?
Zollbeamter:	En la bolsa negra.
Reisende/r:	Casetes, ropa, dos frascos de perfume.
Zollbeamter:	¿Hay algo más?
Reisende/r:	Sí, también hay cigarrillos.
Zollbeamter:	¿Cuántos?
Reisende/r:	Solamente hay dos paquetes de cigarrillos.
Zollbeamter:	Y esto, ¿qué es?
Reisende/r:	Perdón, esto es un walkman.
Zollbeamter:	Está bien.
Reisende/r:	Gracias. ¡Adiós!

4 Preguntas

Lösungsvorschlag:

1 ¿(Dónde está) el Banco de Santander, (por favor)?
2 ¿(Dónde está) la consigna, (por favor)?
3 ¿Dónde está la señorita Aguilar, (por favor)?
4 ¿Dónde está la salida, (por favor)?
5 ¿Dónde están los lavabos, (por favor)?
6 ¿Dónde está el señor López, (por favor)?
7 ¿Dónde está el Hotel Europa, (por favor)?

5 ¿Qué necesita?

1 → e) Se llama Antonio Pérez.
2 → g) Es de España.
3 → a) Está muy bien.
4 → h) Pasa la aduana.
5 → c) Lleva una maleta.
6 → d) Necesita dinero alemán.
7 → f) Cambia pesetas en marcos.
8 → b) Compra un periódico y postales.

6 ¿Cómo se dice? – Wie sagt man da?

Lösungsvorschlag:

1 Hola, buenos días/buenas tardes/buenas noches, señora Álvarez.
2 Perdone, ¿cómo se llama usted?
3 Por favor, ¿dónde está la pensión «Sol»?
4 ¿Qué es esto?/¿Cómo se llama esto?
5 Una revista de Alemania y una postal de ..., por favor.
6 Seis sellos para postales para Alemania, por favor.
7 Tenga.

5 Soy Belén – Soy de España

1 Preguntas

Lösungsvorschlag:

1 (La capital de España se llama) Madrid.
2 Madrid está en el centro de España.
3 Santander está en el norte de España.
4 Sevilla y Córdoba están en el sur de España.
5 No, Barcelona está en el este.
6 Los Pirineos están entre España y Francia.
7 En Galicia se habla gallego. En el País Vasco se habla euskera.
8 No, el idioma oficial de Andorra es el catalán.
9 Andorra está entre España y Francia.
10 España exporta maquinaria, coches, naranjas, aceite y vino. Importa maquinaria y productos agrícolas, como maíz y soja.

2 Nuria y Heike

1 Nuria **es** una chica catalana.
2 Pero **está** en Ribadesella, Asturias, donde **hay** playas muy bonitas.
3 También su amiga Heike **está** allí.
4 Heike **es** alemana y **está** por primera vez en España.
5 ¿De qué **habla** Heike? De Alemania y de España.
6 **Estudia** español en Barcelona, en la Escuela Oficial de Idiomas.
7 **Es** una chica muy interesada.
8 **Hablan** de política, de economía, de literatura ...

4 Traducción – Übersetzung

En el aeropuerto.
– (Yo) soy de Hamburgo. ¿Y tú?
○ (Soy) de Maracaibo.
– ¿En qué país está Maracaibo?
○ En Venezuela.
– Perdona, ¿cómo se llama la capital de Venezuela?
○ Caracas. Está en el norte del país.

5 Algo sobre España – Etwas über Spanien

Lösungsvorschlag:

1 En España, además del castellano, se habla(n) el catalán en Cataluña, el vasco en el País Vasco y el gallego en Galicia.
2 Playa de Aro – Lloret de Mar – Torremolinos
3 Se llama «Camino de Santiago».
4 Son de «La Rioja».
5 El aceite es principalmente de Andalucía y (de) Castilla-La Mancha.
6 España exporta principalmente la marca «Seat».

6 Playas

1 Cala Galdana (está en) Menorca.
2 Playa del Inglés → Gran Canaria
3 Benidorm → Costa Blanca
4 Rosas → Costa Brava
5 Las Alpujarras (están en) Andalucía.
6 Los Picos de Europa → Asturias
7 Andorra (está en) → Los Pirineos
8 El Teide → Tenerife
9 Almerimar → Andalucía
10 Acapulco → México

7 Qué raro, ¿no? – Seltsam, nicht wahr?

1 → c) Andorra es un país en los Pirineos.
2 → d) Belén es una chica simpática.
3 → e) La playa es muy bonita.
4 → b) El vino es un producto de exportación.
5 → a) Madrid es la capital de España.

8 ¿De dónde es?

A (Los alfajores son) de Mar del Plata/Argentina.
B Es de Madrid/España.
C (El jabón Maja es de) Barcelona/España.
D (Las sardinillas) son de Vigo/España.
E (La aspirina) es de Barcelona/España.
F (Los corazones de alcachofas) son de Murcia/España.
G (Los filetes de caballa son) de Bermeo/Vizcaya.

9 ¿Euskera? ¿Galego? ¿Catalá? ¿Castellano?

Castellano	*Català*	*Galego*	*Euskera*
aeropuerto	aeroport	aeroporto	aireportu
noche	nit	noite	gaua
llegar	arribar	chegar	heldu
maíz	blat de moro	millo	arto

10 La República Dominicana

Hörverstehenstext:
La **República** Dominicana **está** en América **Latina**. La capital se llama Santo Domingo. Puerto Plata está en el **norte**. Las Lajas está en el **oeste**, Santo Domingo está en el sur **del país.** En la República Dominicana **se habla** español. Está entre el Atlántico y el **Caribe.** Es una isla. La República Dominicana **exporta** principalmente azúcar, café, cacao, oro y plata; importa petróleo, **maquinaria** y coches.

6 Al centro

1 ¿a – al – a la?

– ¿Vas	**a** Menorca?	– No/Sí, voy	**a** Asturias.
	a la estación?		**a la** pensión.
	al hotel?		**al** teatro.
	a casa?		**a** casa.
	a la biblioteca?		**a la** Plaza Mayor.
	al centro?		**al** aeropuerto.
	a España?		**a** España.

– ¿Cómo vas a Asturias?
○ Voy en tren.

2 Preguntas

1 (Es) el señor Mack.
2 (Es) de Alemania.
3 No, no toma un taxi.
4 (Va al centro) en el autobús amarillo.
5 (La terminal) está en la plaza de Colón.
6 No, está cerca.
7 (Se llama estación de) «Serrano».
8 (Va) a la pensión «La Valenciana».

3 ¿Cómo voy?

1 – ¿Dónde está el Museo del Prado, por favor?
○ En el Paseo del Prado.
– ¿Cómo voy? ¿En autobús?
○ Sí, en autobús. (No, en metro.)

2 – ¿Dónde está la Casa Mira, por favor?
○ En la Carrera de San Jerónimo.
– ¿Cómo voy? ¿En metro?
○ Sí, en metro. (No, en autobús.)

3 – ¿Dónde está el aeropuerto, por favor?
○ En Barajas.
– ¿Cómo voy? ¿En autobús?
○ Sí, en autobús. (No, en taxi.)

4 – ¿Dónde está el Estadio Santiago Bernabeu, por favor?
○ En el Paseo de la Castellana.
– ¿Cómo voy? ¿En taxi?
○ Sí, en taxi. (No, en autobús/taxi/metro.)

5 – ¿Dónde está el Palacio Real, por favor?
○ En la calle de Bailén.
– ¿Cómo voy? ¿En autobús?
○ Sí, en autobús. (No, en taxi.)

4 Es la profesora de español

1 → c) – ¿Dónde está Andorra?
○ En los Pirineos.
2 → h) – ¿Cómo vas a la oficina?
○ En metro, claro.
3 → i) – ¿Dónde se habla euskera?
○ También en Navarra.
4 → f) – ¿Dónde está Andalucía?
○ En el sur de España.
5 → b) – ¿Dónde vas el domingo?
○ Al teatro.
6 → a) – ¿Dónde están los Andes?
○ En América del Sur.
7 → e) – ¿Quién es la señora Ruiz?
○ Es la profesora de español.
8 → d) – ¿Dónde está la República Dominicana?
○ Entre el Caribe y el Atlántico.
9 → g) – Hasta el lunes.
○ Adiós, buenas noches.

5 Al centro

Lösungsvorschlag:
Reisende/r: ¿Hay un autobús al centro?
Einheimische/r: Sí, señor/a, allí enfrente.
Reisende/r: Gracias. Perdón, señor, ¿el autobús va al centro?
Einheimische/r: Sí, señor/a, va al centro, a la Plaza de Colón.
Reisende/r: ¿Está lejos?
Einheimische/r: No, señor/a, no está muy lejos.

6 En la calle

Lösungsvorschlag:
Pedro: ¡Hola, Marisa!
Marisa: ¡Hola, Pedro! ¿Qué tal?
Pedro: Muy bien, gracias. ¿Y tú?
Marisa: Bien, gracias. ¿Dónde vas?
Pedro: A Lastres.
Marisa: ¿A Lastres? ¿Dónde está?
Pedro: En el norte. En la costa.
Marisa: ¿Cómo vas?
Pedro: En autobús.
Marisa: Adiós. Hasta el martes.

7 Traducción

1 – Perdón, ¿dónde está el estadio Santiago Bernabeu?
○ (El estadio) no está muy lejos. El metro número 8 va allí.
– Muchas gracias.

2 – ¿Dónde hay por aquí una parada de taxis, por favor?
○ Allí enfrente.
– Gracias.

3 – ¿Dónde están los lavabos, por favor?
○ La puerta ahí enfrente.
– Muchas gracias.

8 La parada de taxis

Hörverstehenstext:
Señora: – ¿Dónde hay una parada de taxis, por favor?
Señor: ○ Allí, enfrente de la estación.
Señora: – Gracias.

Taxista: – ¿Taxi, señora?
Señora: ○ Oh… Sí, por favor.
Taxista: – ¿Dónde va usted?
Señora: ○ A la oficina central del Banco de España. ¿Esta lejos?
Taxista: – No, muy cerca. En coche, a cinco minutos.

Hörverstehensübung:
1 (La parada de taxis está) enfrente de la estación.
2 (La señora) va a la oficina central del Banco de España.
3 No, (está) muy cerca.
4 En taxi.

7 En el centro de la ciudad

1 Pregunte usted

Lösungsvorschlag:
¿Cómo va el señor Mack a la calle Lope de Vega?
¿Quién entra en la farmacia?
¿Qué hay en la esquina?
¿Qué mira el señor Mack?
¿Dónde está la pensión «La Valenciana»?
¿Cuántos hoteles hay en la calle Lope de Vega?/
¿Cuántas personas hay en la esquina?

2 ¿Sí? ¿No?

		Sí	No
1	El señor Mack va a pie a la pensión.	×	
2	El señor Mack lleva un bolso blanco.		×
3	En la calle Lope de Vega hay un restaurante.	×	
4	En la esquina de la calle hay dos niños y dos señoras.		×
5	La pensión La Valenciana está en la Puerta del Sol.		×
6	El señor Mack compra un plano de la ciudad.		×
7	La Oficina de Turismo está muy cerca de la pensión La Valenciana.		×

3 Traducción

Ana María está en la estación de metro «Serrano». Busca una farmacia. En la esquina hay una papelería. Ana María entra.

– Por favor, ¿dónde hay una farmacia por aquí?
○ La farmacia está allí enfrente.
– Muchas gracias.
○ Adiós, señora.

4 Preguntas

Lösungsvorschlag:

1 – ¿Dónde está el Museo Dalí?
  ○ (Está) en Figueras, cerca de Gerona.
2 – ¿Cómo se llama el país entre España y Francia?
  ○ Andorra.
3 – ¿Cómo se llama usted?/¿Cómo se llama su amigo?/¿Quién es?
  ○ Martin Hartmann.
4 – ¿Hay mucha industria en el norte de España?
  ○ Sí, allí hay mucha industria.
5 – ¿Hay un hotel por aquí?
  ○ Sí, señora, en la Gran Vía hay un hotel. Se llama «Hotel Tryp Menfis».
6 – ¿Usted habla solamente castellano?
  ○ No, también hablo gallego.
7 – ¿Qué periódicos hay en España?
  ○ El País, La Vanguardia, el ABC, ...
8 – ¿Vas/Va usted a la oficina?
  ○ No, voy a la Plaza Mayor.

5 La Oficina de Turismo

Lösungsvorschlag:

Fremde/r:	Perdone. ¿La Oficina de Información y Turismo, está por aquí?
Einheimische/r:	No, señor/a, aquí no. Hay una Oficina de Turismo en la Plaza de España, hay una en la Plaza Mayor y una cerca del Hotel Palace.
Fremde/r:	¿Está lejos la Plaza Mayor?
Einheimische/r:	No, no. Allí enfrente está la Calle Mayor. Y la Plaza Mayor está también muy cerca.
Fremde/r:	¿Tomo un taxi o voy a pie?
Einheimische/r:	No necesita ir en taxi. La oficina está a cinco minutos de aquí.
Fremde/r:	Muchas gracias.
Einheimische/r:	De nada.

6 ¿Qué palabra sobra? Welches Wort gehört nicht dazu?

1 avión – coche – **oficina** – metro
2 martes – **noches** – viernes – jueves
3 Barcelona – **Andorra** – Madrid – Bilbao
4 libro – revista – tebeo – **sello**
5 catalán – castellano – **alemán** – vasco
6 amarillo – rojo – negro – **bueno**

7 Conversación en la calle – Gespräch auf der Straße

Lösungsvorschlag:

1 – ¿Dónde está el Hotel León, por favor?
2 ○ No sé.
3 △ Está en la calle Diego de León.
4 ○ No, hombre, no. El hotel que está allí se llama San Antonio.
5 △ ¡Ah, perdón! El hotel León está en la Carrera de San Jerónimo.
6 – En la Carrera de San Jerónimo. ¿Está lejos?
7 ○ ¿Va usted a pie?
8 – (No,) voy en coche.
9 △ No, no está lejos, está cerca de la Puerta del Sol.

8 La capital de España

1 ¿Correcto o falso?

	C	F
1 En los alrededores de Madrid no hay industrias.		×
2 Las ciudades-dormitorio están cerca de las industrias.	×	
3 En dirección a Segovia hay más industrias.		×
4 Al sur de Madrid no hay muchas ciudades-dormitorio.		×

2 La ciudad más grande

1 Madrid, con más de cuatro millones de habitantes, **es** la ciudad más grande de España.
2 En Madrid **hay** de todo: ministerios, bancos, museos, teatros, parques, centros comerciales ...
3 En los alrededores, cerca de las grandes industrias, **están** las grandes ciudades-dormitorio.
4 Muchos españoles **buscan** trabajo en la capital.
5 **Son** emigrantes del sur y del oeste de España.
6 Muchos madrileños **van** en coche al trabajo, otros **toman** el autobús o el metro.
7 **Se habla** mucho del enorme tráfico de Madrid, pero **faltan** ideas y dinero.

6 Profesión – Beruf

1 ministro
2 oficinista
3 industrial
4 trabajador
5 delincuente
6 reina
7 artista

7 «El kilómetro cero» ...

1 → b) El kilómetro cero está en la Puerta del Sol.
2 → e) Madrid es la ciudad más grande de España.
3 → a) En las calles de Madrid hay un tráfico enorme.
4 → g) El oso y el madroño son los símbolos de Madrid.
5 → c) En Madrid están todos los ministerios.
6 → f) Hay también grandes industrias.
7 → h) El Retiro es un parque famoso.
8 → d) En los alrededores de Madrid hay muchas ciudades-dormitorio.

10 En Madrid hay de todo

Hörverstehenstext:

– ¿Eres de Madrid?
○ Sí.
– ¿Vives en Madrid?
○ Sí.
– ¿Lo pasas bien?
○ Muy bien.
– ¿Qué haces?
○ Me gusta salir con los amigos y tomar cervezas, ir al cine, al teatro, ver exposiciones ...
– ¿Qué tipo de cine se puede ver en Madrid?
○ Ahora mismo hay muchas posibilidades. Hay un cine muy bueno. Están saliendo muy buenos directores españoles ...
– ¿Y en cuanto a teatro?
○ Hay teatro clásico, teatro moderno ..., español ...
– ¿Qué otras actividades ... se pueden tener en Madrid?
○ Ahora tienes muchas posibilidades. Puedes ir a ver exposiciones ... de fotografía, certámenes ... Hay también muchas actuaciones de ballet, de baile flamenco y también de zarzuela ...

– ¿Y los museos?
○ Hay muchos y muy buenos. Está el Museo del Prado que ya conoces. Está también el Museo de Arte Contemporáneo y muchas salas privadas y galerías de arte que están poniendo exposiciones muy buenas.
– ¿Y se suele ir al campo?
○ A los madrileños no les gusta demasiado salir al campo. Salen poco.
– ¿Y qué tipo de deporte se practica?
○ La gente juega mucho al fútbol. También se juega al tenis y ..., bueno, se juega a las cartas ...
– ¿Y por la noche?
○ Se suele salir a ... bares. Es muy normal salir a los bares con los amigos a tomar cañas; hay de vinos ... También a discotecas y a cenar.
– ¿Eso es la «movida»?
○ Parte de la «movida».
– Y el tráfico, ¿qué tal está?
○ Está espantoso.
– ¿Cómo la contaminación?
○ Incluso peor.
– ¿Hay muchos parques en Madrid?
○ No, hay pocos. Son bonitos, pero hacen falta más.

Hörverstehensübung:
1 (Hablan) dos personas.
2 (Hablan) de Madrid.
3 Sí, es de Madrid.
4 Hay teatro clásico, moderno, español ...
5 No, a los madrileños no les gusta demasiado el campo.
6 (Por la noche) van a bares, discotecas, a cenar ...
7 No, hay pocos.

9 Una individual sin ducha

1 Deletrear

Hörverstehenstext:
– ¿Cómo se llama?
○ Juan Zumalacárregui.
– ¿Cómo? Zuma ...
○ Zumalacárregui: zeta – u – eme – a – ele – a – ce – a (con acento) – erre – erre – ge – u – i
– ¿Y usted?
○ Ricardo Martinelli.
– ¿Es usted también vasco?
○ No, soy argentino.

Hörverstehensübung:
1 Juan Zumalacárregui.
2 Ricardo Martinelli.

2 Crucigrama – Kreuzworträtsel

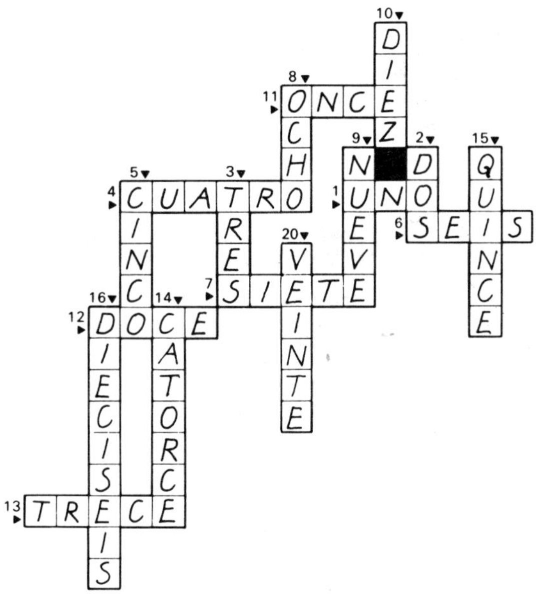

3 No hay una habitación con baño

1 La señora Huber **entra** en un hotel en el centro de Madrid.
2 **Lleva** dos maletas que **pesan** mucho.
3 La señora Huber, una turista alemana, **está** muy cansada.
4 **Desea** una habitación individual con baño.
5 Pero en el hotel no **quedan** habitaciones individuales con baño.
6 Sólo **queda** una habitación con ducha. **Da** igual.
7 La señora Huber **toma** la habitación con ducha, **deletrea** su nombre y **presenta** su pasaporte.
8 Después **va** a su habitación para descansar primero un poco.

5 En la recepción

Lösungsvorschlag:

Turista:	La llave de la habitación número ocho.
Recepcionista:	Un momento. ¿Su nombre, por favor?
Turista:	Grunert. GE-ERRE-U-ENE-E-ERRE-TE.
Recepcionista:	Grunert. La llave de la habitación número ocho no está.
Turista:	Perdone. Habitación número tres, no ocho.
Recepcionista:	Tenga.
Turista:	Muchas gracias. Buenas noches.

6 En la pensión La Valenciana

Hörverstehenstext:

– Pensión La Valenciana. Buenas tardes.
○ Buenas tardes, señorita. Deseo reservar una habitación.
– Muy bien. ¿Para cuántos días?
○ Mañana, miércoles y jueves.
– ¿Una individual o una doble?
○ Una doble.
– ¿Con ducha o con baño?
○ Con baño, por favor.
– Muy bien. ¿Su nombre ...?
○ Santos, Carmen y José.
– A ver ... Santos ... Carmen ... José.
○ Bien. Adiós y hasta mañana.
– Hasta mañana.

Hörverstehensübung:

1 (La señora desea) una habitación doble.
2 Para tres días.
3 Se llama Carmen Santos.

8 Repaso – Wiederholung

1 ¿Qué es esto?
2 Otra vez, por favor.
3 Sí, claro.
4 Perdone.
5 Lo siento.
6 No sé.
7 Hasta mañana.
8 Da igual, ¿verdad?
9 De nada.
10 ¡Vamos!
11 No hablo español.
12 ¿Para cuánto tiempo?
13 Está bien.

10 En casa de los Gómez

1 La familia y la casa

	C	F	
1 Para Clara su trabajo no es aburrido.		×	
2 El padre es recepcionista en un hotel.		×	
3 En el comedor hay una ventana.		×	
4 Todos cenan juntos.	×		
5 La madre no mira la televisión.		×	
6 Clara compra el periódico antes de llegar a casa.		×	
7 Las hijas preparan la cena.		×	
8 Clara va en autobús al trabajo.			No sé.
9 El padre va en coche a la oficina.			No sé.

2 Preguntas

Lösungsvorschlag:

1 (Compra el periódico) antes de ir a casa.
2 (Va) a casa.
3 Mercedes y su madre (preparan la cena).
4 Faltan todavía Clara y el padre.
5 (Preparan la cena) para cuatro personas.
6 Solamente hay un hombre que es el padre (señor Gómez).
7 (Cenan) cuando llegan Clara y el padre.
8 Durante la cena miran la televisión.
9 El comedor es largo y estrecho.
10 No, hay una mesa, seis sillas, una librería y un mueble pequeño con el televisor.

3 ¿Está? – ¿Hay?

La familia de Mercedes **está** en el comedor. Allí **hay** una mesa. También **hay** seis sillas. **Hay** además un televisor.
El televisor **está** en un rincón. La librería **está** entre las dos ventanas. Encima de la librería **hay** un reloj. También **hay** unas fotos. Toda la familia **está** en casa.

5 ¿Busca usted trabajo?

Hörverstehenstext:
– Buenos días.
○ Buenos días, señorita. ¿Qué desea?
– Soy Luisa Hernández y busco trabajo.
○ ¿Fernández? ¿Luisa ...?
– No, Hernández. Con hache.
○ Ah, sí. ¿Usted trabaja ahora ...?
– Sí, soy cajera en un banco.
○ ¿Qué banco es?
– El Banco de Santander.
○ ¿Y qué lenguas habla usted?
– Hablo español y catalán.
○ Muy bien, señorita Hernández. ¿Y el número de su carnet de identidad, por favor?
– Un momento ... Aquí está: es el 7-6-8-3-5-7-0
○ Gracias, gracias.

Hörverstehensübung:
Nombre: **Luisa**
Apellido: **Hernández**
Lenguas: **español y catalán**
Profesión: **cajera**
Trabaja en: **el Banco de Santander**
Número del carnet de identidad: **7-6-8-3-5-7-0**

6 Una cena muy rica

1 **Cuando** voy a la universidad paso primero por el quiosco **para** comprar un periódico del día.
2 En el metro miro los anuncios **porque** busco un trabajo **para** las tardes.
3 **Antes de** llegar otra vez a casa compro fruta **para** cenar.
4 **Además** del pan falta **todavía** vino y **por eso** entro en el supermercado **cerca de** la estación del metro.
5 En casa está **ya** mi padre y preparamos juntos una cena muy rica.

11 Después de cenar

1 Una entrevista a Mercedes – Ein Interview mit Mercedes

Lösungsvorschlag:
1 – ¿Cómo se llama usted?
○ (Me llamo) Mercedes Gómez.
2 – ¿Cómo se llama su hermana?
○ (Mi hermana) se llama Clara.
3 – ¿También trabaja en una pensión?
○ No, es cajera en un supermercado.
4 – ¿Por qué busca otro trabajo?
○ Porque estar todo el día en la caja es muy aburrido.
5 – ¿Por qué compra el periódico de la tarde?
○ Porque Clara busca otro trabajo.

2 Una entrevista a Clara

1 – ¿Cómo se llama (usted)?
○ (Me llamo) Clara.
2 – ¿Dónde trabaja (usted)?
○ (Trabajo) en un supermercado.
3 – ¿Su hermana también trabaja en el supermercado?
○ No, es recepcionista en una pensión.
4 – ¿Por qué mira los anuncios en el periódico?
○ Porque busco otro trabajo.
5 – ¿Por qué busca otro trabajo?
○ Porque el trabajo de cajera es muy aburrido.
6 – ¿Hay hoy un anuncio interesante en el periódico?
○ No, nada del otro mundo./Hay una oferta interesante, pero está muy lejos.

3 Profesiones

1 MECANÓGRAFA
2 CAJERA
3 VENDEDOR
4 TAXISTA
5 OPERADORA
6 PROFESORA
7 EMPLEADO
8 OFICINISTA
9 RECEPCIONISTA

5 Números

Hörverstehenstext:
veinte – treinta y cinco – veintinueve – setenta – sesenta – sesenta y siete – cincuenta y dos – setenta y seis – noventa – cincuenta y tres – noventa y nueve – treinta y ocho – sesenta y cinco – cuarenta y uno – cincuenta – veintitrés – setenta y dos – sesenta y ocho – veinte.

¿Qué es? Es un coche.

7 Un anuncio en el periódico

Hörverstehenstext – Hörverstehensübung:
Hotel Cervantes busca persona con experiencia para la recepción.
68.000 pesetas al mes.
Llamar el lunes de 9 a 11 de la mañana.
Preguntar por la señora López.
Teléfono: 2 33 67 16

12 ¿Adónde vamos?

1 ¿Qué hora es?

1 Es la una.
2 Es la una y media.
3 Son las dos.
4 Son las seis.
5 Son las seis y media.
6 Son las ocho (de la tarde).

2 La hora

1 En Santiago de Chile son las siete de la mañana.
2 En Buenos Aires son las ocho de la mañana.
3 En San Francisco son las cuatro de la mañana.
4 En Berlín es la una de la tarde.

3 Ir a

– ¿Adónde vais?
○ Al hotel.
– ¿Vais en autobús?
○ No, vamos a pie.

4 Preguntas

1 (Hoy) sólo hay noticias y una película.
2 (Es) de 1950.
3 (Primero) va a casa de los Sánchez porque necesita el libro de Vargas Llosa.
4 (Necesita) cinco minutos.
5 A la discoteca.
6 (En el Rialto) ponen una película de humor de Summers.
7 La madre y el padre.

8 El jueves a las seis

Lösungsvorschlag:
– Dígame.
○ Hola, soy ...
– ¿Qué tal estáis?
○ Bien, gracias, ¿y tú?
– Muy bien. Oye, en el cine ... ponen una película de Almodóvar. ¿Vamos?
○ Buena idea. ¿Y cuándo?
– ¿El jueves?
○ De acuerdo. ¿Y a qué hora?
– Hay una sesión a las seis y otra a las ocho.
○ A las seis si es posible.
– Sí, claro. Bueno, entonces hasta el jueves. ¿A las seis menos cuarto delante del cine?
○ De acuerdo. Entonces hasta el jueves.

10 Los cuatro muleros

De los **cuatro** muleros,
mamita mía,
que **van** al agua,

el **de la** mula torda,
mamita mía,
me roba el alma.

De los cuatro muleros,
mamita mía,
que **van** al río,

el de la **mula** torda,
mamita mía,
es mi marío.

¡Ay!, que me he equivocao,
que el **de la mula** torda,
mamita mía,
es mi cuñao.

1 Son cuatro muleros.
2 Van al río.
3 No, es su cuñado.

11 Eine Notiz – Una nota

Beispiel:
Esta tarde voy al cine «Victoria».
Voy con Pepe a la sesión de las seis de tarde.
A las diez estoy en casa.
Carmen

12 ¿Hay también un restaurante?

Hörverstehenstext:
– Buenos días.
○ Hola, buenos días.
– Necesito una habitación.
○ ¿Para cuántos días es?
– Para dos.
○ ¿La quiere con ducha o con baño?
– Con ducha. ¿Cuánto cuesta?
○ El precio de la habitación con ducha es de siete mil setecientas.
– Muy bien. Vale.
○ ¿Me permite su pasaporte, por favor?
– Sí, tenga. ¿Hay también un restaurante?
○ Sí, tenemos un restaurante en nuestra primera planta y es muy bueno, eh ...
– ¿Y a qué hora está abierto?
○ El horario de comidas es de una y media a tres y media y de ocho a doce de la noche.
– Muchas gracias.
○ De nada.

Hörverstehensübung:

	Sí	No
1 La señora necesita una habitación para tres días.		×
2 Desea una habitación con ducha.	×	
3 El precio es de seis mil seiscientas pesetas.		×
4 El recepcionista necesita el pasaporte.	×	
5 En la primera planta hay un restaurante muy bueno.	×	
6 El horario de comidas es de dos a cinco.		×

13 ¿Cuántos años tienes?

6 ¿Nada especial?

1 ¡Qué pena!
2 Sí, claro.
3 A ver.
4 Está bien.
5 De acuerdo.
6 Hasta luego.
7 ¡Buena idea!
8 Por ejemplo ...
9 Nada especial.
10 ¡Qué rico!
11 No importa.

7 Dos entradas para la fila 13

Lösungsvorschlag:
– Buenas tardes. Dos entradas para la fila trece, por favor.
○ Lo siento, para la fila trece no quedan. Hay en la quince.
– ¿En la quince? ¿Cuánto es?
○ Mire aquí. Son seiscientas sesenta pesetas.
– Tenga.
○ Gracias. A ver ... seiscientas setenta, ochenta, noventa, setecientas, ochocientas, novecientas y mil.
– Adiós.

8 ¿Vamos al concierto? – Gehen wir ins Konzert?

Lösungsvorschlag:
Es un concierto.
En la calle Castelló 77.
El lunes, día 8, a las once y media.
La entrada es libre/no cuesta nada.

9 La Traviata

Lösungsvorschlag:
1 En el Teatro Lírico Nacional «La Zarzuela».
2 Los días laborables (venta anticipada), entre las doce y las seis. La venta del día es entre las doce y las ocho
3 Sí, entre las doce y las ocho.
4 Sí, con Teresa Berganza.

10 Para mayores de 18 años

	Sí	No
1 Entran todos los chicos.		×
2 Ponen una película americana.	×	
3 Y una película italiana.		×
4 Son versiones originales.	×	
5 Es sesión continua. (Dauervorstellung)	×	
6 A las once de la mañana.		×

12 Un fin de semana – Ein Wochenende

Hörverstehenstext:
– ¿Qué hacemos este fin de semana?
○ ¿Este fin de semana? Los sábados, sabes, hay una película muy divertida en la televisión

que me gusta mucho. Podemos quedar después, si te parece.
– Sí, de acuerdo. Podemos ir a la exposición de Dalí y luego a tomar algo. ¿Te parece bien?
○ Sí, estupendo.

Hörverstehensübung:
1 Hablan dos personas.
2 Un chico y una chica.
3 No, (no va al cine).
4 No, (hay una exposición de Dalí).
5 Sí, van a la exposición.
6 (Después) van a tomar algo.

14 En la agencia de viajes – Vacaciones

1 ¿Vas al cine?

1 – ¿Vas al cine?
○ No, voy a la farmacia.
2 – ¿Vas al aeropuerto?
○ No, voy a casa.
3 – ¿Vas a la oficina?
○ No, voy al restaurante.
4 – ¿Vas a Madrid?
○ No, voy a Roma.
5 – ¿Vas a la playa?
○ No, voy a la montaña.

2 Karin ha hablado con el director

Lösungsvorschlag:
1 – Karin ha hablado con el director. ¿Y usted?
○ Yo he hablado con un empleado.
2 – Juan ha buscado la agencia de viajes. ¿Y ella?
○ Ella ha buscado el hotel.
3 – Luis ha pasado una semana en Salamanca. ¿Y tú?
○ Yo he pasado un verano en Granada.
4 – Yo he trabajado un año en Berlín. ¿Y ustedes?
○ Nosotros hemos trabajado unos meses en Londres.
5 – Mónica ha terminado el curso de italiano. ¿Y tú?
○ Yo he terminado el curso de español.
6 – Ellos han comprado un piso en Barcelona. ¿Y vosotras?
○ Nosotras hemos comprado un piso en Málaga.
7 – Nosotros hemos cenado en casa de Luisa. ¿Y ellos?
○ Ellos han cenado en casa de Marta.

3 Pedro es español

1 Pedro es de España. Es español.
2 Karin es de Alemania. Es alemana.
3 Antoon es de Holanda. Es holandés.
4 Hélène es de Francia. Es francesa.
5 John es de Inglaterra. Es inglés.
6 Bruna es de Italia. Es italiana.

1 Pedro habla español.
2 Karin habla alemán.
3 Antoon habla holandés.
4 Hélène habla francés.
5 John habla inglés.
6 Bruna habla italiano.

4 Karin Brand

Lösungsvorschlag:
Karin Brand es una chica alemana de unos 25 años. Lleva casi un año y medio en Salamanca. Ha estudiado en la Universidad Internacional de Santander y ha trabajado unos meses en una agencia de viajes en Valencia. Habla alemán, castellano, inglés y un poco de italiano.

6 Paloma llama a Jaime

Paloma: ¡Hola, Jaime! ¿Qué tal? ¿Mucho trabajo?
Jaime: Pués sí. (Yo) **he entrado** a las ocho y media al trabajo y todavía no **he desayunado** .
Paloma: ¿Y eso por qué?
Jaime: Bueno, primero mi colega y yo **hemos mirado** los nuevos folletos. Después ella **ha preparado** un viaje para un grupo de japoneses.

Paloma:	¿Japoneses?
Jaime:	Sí. Yo **he hablado** con los hoteles y con la empresa de autobuses, y ella **ha rellenado** las fichas.
Paloma:	Cuánto trabajo, tú ...
Jaime:	No es todo. También **han pasado** por aquí tres o cuatro personas para pagar los viajes. Y yo **he cambiado** las ofertas del mes. Además **ha llamado** mucha gente por teléfono.
Paloma:	Bueno, Jaime, yo también tengo mucho trabajo. Hasta la tarde, entonces.
Jaime:	Hasta luego, Paloma. Y gracias por haber llamado.

7 Oficina de objetos perdidos – Fundbüro

Lösungsvorschlag:
– Buenos días.
○ ¡Hola, buenos días! ¿Qué desea?
– Busco mi sombrero.
○ ¿Qué busca? ¿Un sombrero?
– Sí, un sombrero negro.
○ Lo siento, pero aquí no está. No hay sombreros negros. Sólo hay libros, dos bolsos ...
– Bueno, muchas gracias.
○ De nada.
– ¡Adiós!
○ ¡Adiós, buenas tardes!

8 Entrevista a un profesor de inglés

Lösungsvorschlag:
– ¿Cómo se llama usted?
○ (Me llamo) Pedro González.
– ¿De dónde es?/¿De qué ciudad es?
○ (Soy) de Barcelona.
– ¿Qué profesión tiene usted?
○ Soy profesor de inglés.
– ¿Ha estado ya en Inglaterra?
○ Sí, he estudiado un año en Oxford y he estado allí una vez con mi familia.
– ¿Cuántas lenguas habla usted?
○ Hablo español, inglés y catalán.
– ¿Cuántas horas de clase tiene a la/por semana?
○ Tengo dieciocho horas de clase todas las semanas.
– ¿Gana usted mucho?/¿Cuánto gana usted?
○ Gano ciento cuarenta y ocho mil pesetas al mes.

9 ¿De dónde es usted?

Lösungsvorschlag:
– ¿Cómo se llama?
○ (Me llamo) Amelia Carpentier.
– ¿De dónde es?/¿De qué ciudad es?
○ (Soy) de Madrid.
– ¿Dónde trabaja?
○ (Trabajo) para una empresa americana.
– ¿Ha estado ya en América?
○ Sí, he estado dos veces en América.
– ¿Habla inglés?
○ Sí, hablo inglés.
– ¿Dónde ha estudiado inglés?
○ (He estudiado inglés) en la Universidad Popular y en Inglaterra.
– ¿Cuántas horas por semana trabaja usted?
○ (Trabajo) cuarenta horas.
– ¿Gana usted mucho?
○ Gano doscientas veinte mil pesetas al mes.

10 ¿Un poco de catalán?

any	→ año
pesetes	→ pesetas
diumenge	→ domingo
informació	→ información
estiu	→ verano
nina	→ niña
mare	→ madre
gràcies	→ gracias
Saragossa i València	→ Zaragoza y Valencia
amic	→ amigo
telefon	→ teléfono

15 Salamanca – En Correos

1 ¿Damos una vuelta?

Lösungsvorschlag:
(Yo) doy una vuelta por el centro.
(Tú) buscas un buen libro de cocina.
(Él, Ella) sacan (compran) entradas para el concierto.
(Vosotros, vosotras) miráis las noticias en la tele.
(Ellos, ellas) preguntan por una farmacia.

2 Traducción

Von Montag bis Samstag bin ich im Büro. Sonntags besichtigen wir fast immer die Umgebung Salamancas. Da Merches Auto sehr alt ist, bekommen/haben wir das Auto ihres Vaters für die Ausflüge. Merches Familie ist sehr nett, und Salamanca ist eine bezaubernde Stadt.

3 «Querida Paloma»

Querida Paloma:
Ya llevo dos semanas en Salamanca. El padre y la madre de mi amiga Merche son de aquí. El padre es director de una agencia de viajes. Está enfrente de la universidad. Habla muy bien alemán. La casa de los padres no está lejos. La madre de Merche también trabaja.

4 ¿Cuánto es?

a) – Déme tres sellos de cuarenta y cinco pesetas, por favor. ¿Cuánto es?
   ○ Son ciento treinta y cinco pesetas.
b) – Déme cuatro sellos de doce pesetas, por favor. ¿Cuánto es?
   ○ Son cuarenta y ocho pesetas.
c) – Déme tres sellos de veinticinco pesetas, por favor. ¿Cuánto es?
   ○ Son setenta y cinco pesetas.
d) – Déme dos sellos de ochenta pesetas, por favor. ¿Cuánto es?
   ○ Son ciento sesenta pesetas.

6 Hoy es el 12 de octubre

Hörverstehenstext:
Hoy es el doce de octubre, el día de la Virgen del Pilar, patrona de Zaragoza. En los hoteles casi no quedan habitaciones. La señora Porrúa y su hija buscan un hotel.

– Perdón, señora, ¿hay hoteles cerca de aquí?
○ Sí, pero no sé si quedan habitaciones libres. Es el día del Pilar. Hay muchos turistas hoy.
– Sí, claro. Por eso estamos aquí.
○ Pues miren, ahí, en la calle de San José hay dos hoteles. «El Maño» está en la esquina, a la derecha de Correos. En el centro de la calle hay uno muy pequeño. Está al lado del supermercado, a la izquierda.
– ¿Cómo se llama?
○ ¿El supermercado?
– No, no, el hotel.
○ «Calderón».
– Bueno.
○ Hay otro allí, en la calle Cristina de Aragón, entre el cine y el banco, creo. Además hay una pensión detrás del quiosco, pero no sé cómo se llama.
– Muchas gracias, señora.
○ De nada, de nada. Adiós.
– Adiós.

7 ¿Dónde está Correos?

Beispiel:
– ¿Dónde está la librería Balmes?
○ Está al lado del restaurante «La Posada».

16 Fiestas y Festivales – El Camino de Santiago – Hoy es el 15

2 Crucigrama – Kreuzworträtsel

Wie heißt „Alles Gute" auf spanisch?
FELICIDADES

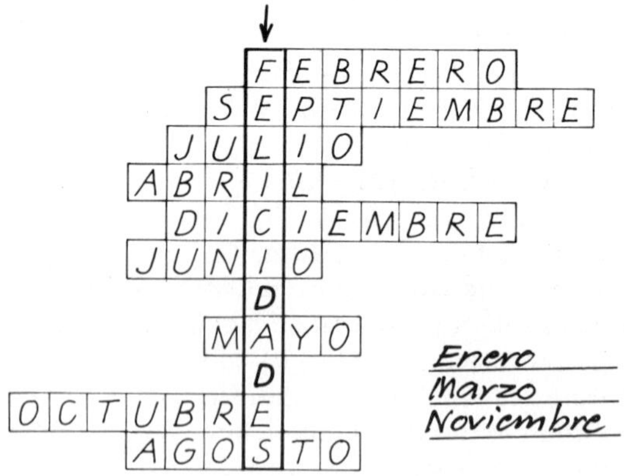

¿Qué meses faltan en el crucigrama?
enero
marzo
noviembre

4 «Cumpleaños feliz»

Beispiel:
Querida Silvia:
Te deseo un cumpleaños (muy) feliz.
Estoy en Madrid. Hoy voy con un amigo madrileño al Prado.
Besos de
María José

5 ¿Qué profesión?

1 profesor → Universidad Popular/colegio
2 empleada → oficina
3 cocinero → restaurante
4 vendedor → tienda
5 carpintero → carpintería
6 mecánico → fábrica de coches
7 pintora → en casa
8 recepcionista → hotel
9 cajera → supermercado

6 Los meses en Valencia

1 – ¿En qué meses son buenas las naranjas de Valencia?
○ Enero, febrero, marzo, abril, septiembre, octubre, noviembre, diciembre.
– ¿En qué meses no son buenas?
○ No son buenas en mayo, junio, julio y agosto.

7 ¿Vamos a la playa?

Soledad: ¿Sí?
Ana: Hola, **soy** Ana. ¿**Eres** tú, Soledad?
Soledad: Sí, **soy** yo. Hola, chica. ¿Qué hay?
Ana: Oye, ¿vamos todos a la playa?
Soledad: ¿Por qué no? Vamos en mi coche. ¿Cuántos **sois** (vosotros)?
Ana: **Somos** cinco: Jaime, Luis, Eva, Trini y yo.
Soledad: ¿Jaime y Luis ...?
Ana: **Son** unos amigos de Trini. **Son** muy simpáticos.
Soledad: Bueno, vamos todos a la playa.

8 El Camino de Santiago

Lösungsvorschlag:
Peter: **Buenos días.**
Empleada: Hola, buenos días. ¿Qué desea?
Peter: **¿Hay/Tiene usted alguna publicación con informaciones sobre el Camino de Santiago?**
Empleada: Sí, claro. Aquí tiene un folleto con un mapa de Santiago de Compostela. Y además tenemos otro folleto con todas las cosas interesantes que hay en el Camino de Santiago, desde Puente la Reina en Navarra hasta Santiago.
Peter: **(Muchas) gracias.**
Empleada: De nada. ¡Y mucha suerte!

17 En la cafetería

2 Lourdes, Ángel y Ernesto

Lösungsvorschlag:
1 – ¿Qué desayunan Lourdes, Ernesto y Ángel?
○ Lourdes desayuna un café con leche y un bocadillo de queso manchego. Ernesto un descafeinado y dos magdalenas.
Ángel un (café) solo y una ensaimada.
2 – ¿Quién desayuna mejor?
○ Lourdes desayuna mejor que Ángel y Ernesto.
3 – ¿Cuánto pagan?
○ Pagan cuatrocientas quince/pesetas.

3 ¿Muy? ¿Mucho?

1 Antonia und Ana sind sehr gute Freundinnen.
Antonia: Hallo, Ana. Wie geht es dir?
Ana: Nicht sehr gut.
Antonia: Klar, du rauchst (sehr) viel.

2 – Un sello para Alemania no cuesta mucho. Es muy barato. Además, algunos son muy bonitos.
– Ana trabaja mucho. Estudia inglés y habla ya muy bien.

6 ¿Qué contesta usted? – Was antworten Sie?

1 → g – ¿Cómo está usted?
○ Bien. ¿Y usted?
2 → s – Su nombre, por favor.
○ Federico González.
3 → i – ¿Para cuántos días?
○ Una semana.
4 → h – ¿Qué tal?
○ Regular. ¿Y tú?
5 → p – ¿Qué fecha es hoy?
○ Es el treinta.
6 → k – ¿El cine Rialto está lejos?
○ No, muy cerca.
7 → d – Muchas gracias.
○ De nada.
8 → q – ¿Cuántos años tienes?
○ Ocho.
9 → o – Déme El País, por favor.
Lo siento, no queda.
10 → b – ¿Qué hora es?
○ Son las dos y cuarto.
11 → a – ¿Qué toma?
○ Déme un bocadillo, por favor.
12 → c – ¿Está Pedro?
○ No, llega más tarde.
13 → t – ¿Qué más?
○ Nada más, gracias. Está bien.
14 → e – ¿Lleva mucho tiempo aquí?
○ Más de un año y medio.
15 → n – ¿Dónde está el Banco de Santander?
○ No sé dónde está.
16 → r – ¿De quién es el libro?
○ Es del profesor.
17 → f – ¿Cuánto es?
○ Ciento setenta y cinco en total.
18 → j – ¿A qué hora es la clase de español?
○ A las nueve y media.
19 → l – ¿Quién es?
○ Mi primo.
20 → m – ¿Adónde vas?
○ Al Instituto.

7 Lourdes es médica

1 Lourdes **tiene que** desayunar bien **antes de** ir al hospital.
2 Ernesto y Ángel **tienen que** ir al Instituto **después de** haber trabajado siete horas en el banco.
3 **Antes de** ir a Santiago usted **tiene que** reservar una habitación en un hotel.
4 **Después del** cine (nosotros) **tenemos que** comprar el periódico.
5 **Después de** hablar con Paco **tenemos que** comprar los billetes de avión.

8 El señor Domínguez pide perdón – Herr D. entschuldigt sich

– ¡Qué machista, chico! Mira, **he preparado** el desayuno de los niños. **He llevado** al pequeño al colegio. **He hablado** con el profesor de Carlos. Luego **he tomado** el metro en Cuatro Caminos, hasta Sol. **He ido** a Correos y **he pagado** la factura (Rechnung) del coche. **He estado** allí dos horas. Después **he ido** al banco y **he cambiado** los marcos en pesetas. En el supermercado **he comprado** queso y jamón, luego ...
○ Perdón, perdón, querida. Está bien. Hoy cenamos en un restaurante con los niños.

La señora Domínguez dice que **ha preparado** el desayuno de los niños. **Ha llevado** al pequeño al colegio. **Ha hablado** con el profesor de Carlos. Luego **ha tomado** el metro en Cuatro Caminos, hasta Sol. **Ha ido** a Correos y **ha pagado** la factura del coche. **Ha estado** allí dos horas. Después **ha ido** al banco y **ha cambiado** los marcos en pesetas. En el supermercado **ha comprado** queso y jamón.

9 Traducción – Übersetzung

– Tenemos que pagar.
○ Hoy pago yo porque tengo que cambiar un/el billete de mil pesetas.
– Entonces muchas gracias y hasta luego.
○ De nada, de nada. Adiós.

10 En la agencia de viajes

Hörverstehenstext:
– Hola, buenos días.
○ Hola, buenos días.
– Tengo una semana libre y me gustaría ir a Asturias, Galicia ... Eh ..., ¿me puede aconsejar algo?
○ Bueno, tenemos ... eh ... la posibilidad de darle un viaje organizado ...
– No.
○ ¿No?

– No, no, un viaje organizado no me gusta. Yo quiero descubrir algo por mi cuenta ... eh ... ¿Hay un tren ...?
○ Sí, hay un tren que sale ... este ... por la noche, que llega por la mañana a Oviedo. También le podemos ... eh ... buscar un hotel ...
– Y en Oviedo, ¿qué se puede ver?
○ Bueno, puede usted visitar ... eh ... bastantes monumentos, la catedral, también no deje de visitar Covadonga. Y aquí le doy un folleto informativo.
– ¿Sobre ... sobre Oviedo?
○ Sobre Oviedo. Si quiere más informaciones, pues puede ir a la oficina de Turismo en la que dan todo tipo de folletos.
– Muchas gracias.
○ De nada.
– Adiós.
○ Adiós.

Hörverstehensübung:

	C	F
1 La turista quiere ir al norte de España.	×	
2 Tiene tres semanas de vacaciones.		×
3 No desea un viaje organizado.	×	
4 En Oviedo no hay mucho que ver.		×
5 Covadonga, en Asturias, es muy importante.	×	
6 En la agencia de viajes no hay muchos folletos.	×	

11 Esta mañana

Lösungsvorschlag:
El señor Martínez ha comprado hoy el ABC. Ha desayunado en la Cafetería «Cubana». Ha tomado un té y un bocadillo de jamón. Ha pagado cuatrocientas veinte pesetas.
Ha aparcado el coche en el garaje «Vidal». Ha tomado el autobús para ir al aeropuerto y ha llegado a Madrid a las doce.

18 Librería – Papelería – La bicicleta – Está prohibido

1 Librería Cervantes

Lösungsvorschlag:
1 (Es) el dueño de la librería.
2 Es un señor alto y delgado. Lleva siempre gafas y una boina negra.
3 (Hay) libros, carpetas, lápices, postales, sobres ...
4 Porque es muy caro.
5 Sí, compra un bolígrafo azul y un rotulador rojo.
6 (Se llama) Cervantes. /Es la librería Cervantes.
7 (Está) en la calle Azafranal.
8 Se compran libros de arte y letras, de enseñanza media, religión, medicina, derecho, ciencia, técnica ...
9 No, también hay material pedagógico y papelería.
10 El código postal de Salamanca es el 37002.

2 En la papelería

Beispiele:
– Necesito una postal.
○ Muy bien. Las postales están allí, a la izquierda de la caja.
– Necesito un sobre, por favor.
○ Muy bien. Los sobres están allí, a la derecha de los bolígrafos.

3 ¿Cuántas letras tiene la palabra? Wieviele Buchstaben hat das Wort?

Mögliche Wörter:
libro
bar
avión
silla
vino
...

5 ¿Qué compra el cliente?

Hörverstehenstext – Hörverstehensübung:
– ¿Y usted, señor? ¿Qué desea?
○ ¿**Tiene** usted el último **libro** de Camilo José Cela?
– Sí, sí, aquí está.
○ ¿**Cuánto** cuesta?
– A ver ...: **mil quinientas noventa** pesetas.
○ Muy bien.
– ¿**Algo** más?
○ **Déme cincuenta** sobres, por favor.
– ¿**Blancos**?
○ Sí.
– Tenga. **Mil setecientas noventa** pesetas.
○ Ah, perdone, ¿no tiene una **postal** de la Casa de las Conchas?
– Sí, **claro**. **Tenga**. Son **mil ochocientas veinte** pesetas en total.
○ Muchas gracias.
– A usted.

6 En el quiosco

Lösungsvorschlag:
1
– El TBO, por favor.
○ Son cincuenta pesetas.
– Déme también Mortadelo.
○ Tenga. Son ciento cincuenta pesetas. Ciento cincuenta – ciento setenta y cinco – doscientas.

2
Cliente: Hola. Déme «Superman», por favor.
Vendedor: No queda, lo siento. Pero tengo, por ejemplo, «Jaimito», «Pato Donald» ....
Cliente: Bueno, el «Pato Donald» y «Jaimito».
Vendedor: Muy bien. «Jaimito» cuesta cincuenta y cinco pesetas y «Pato Donald» sesenta. Aquí tiene.
Cliente: Gracias. Tenga.
Vendedor: Gracias. Son ... ciento quince pesetas. Tome, ochocientas ochenta y cinco pesetas. Adiós.

7 Está prohibido

1 → d parar y estacionar
2 → f adelantar
3 → a girar a la derecha
4 → b circular
5 → c circular para peatones
6 → e circular para bicicletas

19 De paso por Elche – Un descanso – ¿Escribimos una postal?

1 Allí hay un bar

		C	F
1	Hay más de seis clientes en el bar.		×
2	Todas las mesas son rojas.		×
3	En el mostrador hay muchas botellas.		×
4	Venden cerveza «El Águila».	×	
5	El guía lleva una sudadera de la universidad donde él estudia.	×	
6	La señora es la madre del chico.		×
7	El niño compra una postal para su abuelo.		×
8	La señora escribe en la postal la dirección y firma.	×	

2 ¿No quiere nada?

Lösungsvorschlag:
Cliente: – ¡Camarero!
Camarero: ○ Enseguida voy ... ¿Qué desea, señor/señora?
Cliente: – Un bocadillo de queso, por favor.
Camarero: ○ Un bocadillo ... ¿Y qué más?
Cliente: – Una cerveza.
Camarero: ○ Muy bien, señor/señora. ¿Eso es todo?
Cliente: – Sí, gracias.
Camarero: ○ Está bien. ¡Un bocadillo de queso y una cerveza!

3 Si quieren beber algo ...

Lösungsvorschlag:
En una mesa del bar hay tres personas: un niño, la abuela y un guía. Descansan allí un rato.
El niño tiene sed. Quiere un helado de vainilla.
La señora quiere un café con leche, nada más.
El guía quiere un bocadillo grande porque tiene hambre.
La señora es castellana. Es de Burgos.
El guía es de Madrid. Estudia Historia del Arte en la Universidad Autónoma de Madrid, pero durante las vacaciones trabaja de guía en Elche, en el este de España.
El niño quiere enviar una postal a su mamá.

4 Crucigrama

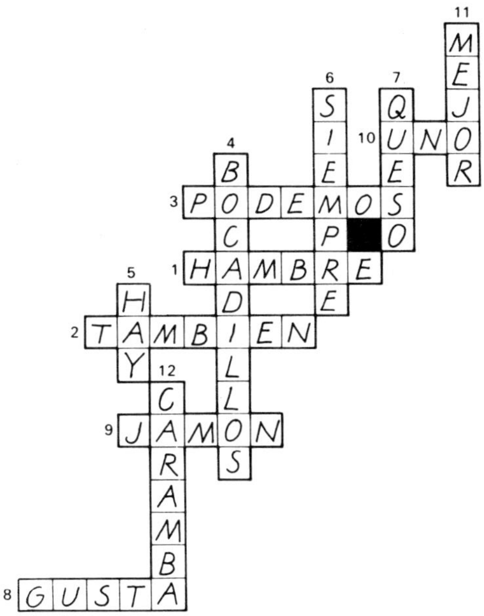

– Tengo **hambre**. Quiero comer.
○ Yo **también**. **Podemos** hacer unos **bocadillos**. ¿**Hay** algo en casa?
– **Siempre** hay pan y **queso**.
○ El queso no me **gusta** mucho. ¿No hay **jamón**?
– A ver ... Sí, pero no hay mucho.
○ Entonces yo como un bocadillo de jamón y tú **uno** de queso.
– ¿Qué bebemos? ¿Té?
○ **Mejor** leche.
– **Caramba**, no hay.
○ Bueno, entonces un té.

5 Malo → Bueno

1	nada	→ algo
2	moderno	→ antiguo
3	después (de)	→ antes (de)
4	mal	→ bien/buen
5	lejos	→ cerca
6	sin	→ con
7	encima de	→ debajo de
8	exportar	→ importar
9	pequeño	→ grande
10	viejo	→ nuevo/joven
11	mayor	→ menor
12	menos	→ más
13	poco	→ mucho
14	comprar	→ vender

6 Conferencia Internacional en Ginebra – Internationale Konferenz in Genf

– ¿**Vives** aquí?
○ No, normalmente **vivo** en París.
– ¿Y para qué periódico **escribes**?
○ **Escribo** para Le Monde. ¿Y vosotros?
– Los dos **escribimos** para El País.
○ Entonces **vivís** los dos en Madrid ...
– No. Yo sí **vivo** en Madrid, pero mi amigo **vive** en Barcelona.

7 Los turistas en el bar

1 Los turistas **tienen sed.**
2 **Desean tomar** algo.
3 El guía dice: **Podemos** descansar un rato y **comer** o **beber** algo en el bar.
4 El niño **tiene hambre**.
5 El guía **cree** que también hay bocadillos en el bar.

8 ¡Claro que sí!

– Oye, Luisa, ¿**has** comprado un libro para María Jesús?
○ Claro **que** sí.
– ¿**Cómo** se llama?
○ «Crónicas del desamor», de Rosa Montero.
– Rosa Montero **es** española, ¿no?
○ Sí,**(es) de** Madrid.

11 Tengo, tengo, tengo

Lösungsvorschlag:
1 (El autor) habla de ovejas.
2 (Los animales) dan leche y lana.

3 Sí, tengo un perro y un gato./No, no tengo.
4 Sí/No me gusta beber vino.
5 Sí, los toros me gustan/No, los toros no me gustan./No, nada.

20 Un día completo – A lo mejor voy

1 Preguntas

1 (El curso de Ernesto) empieza el veinte.
2 Porque van a distintos cursos.
3 (Las clases empiezan) a las ocho.
4 (Terminan) a las cinco.
5 (El banco cierra para el público) a las dos.

2 ¡Hola, Teresa!

1 Cristina **entra** en el supermercado para **hablar** con su amiga Teresa.
2 *Cristina:* – ¡Hola, Teresa! ¿Cómo estás?
3 *Teresa:* ○ Regular. **Tengo** mucho trabajo.
4 *Cristina:* – ¿A qué hora **cierras** hoy?
5 *Teresa:* ○ A las ocho y media.
6 *Cristina:* – ¡A las ocho y media! ¿No **cerráis** a las ocho?
7 *Teresa:* ○ No. El súper **cierra** a las ocho, pero nosotras **trabajamos** hasta las ocho y media
8 *Cristina:* – Es que **ponen** una película muy buena en el Lux ...
9 *Teresa:* ○ ¿Cómo **se llama**?
10 *Cristina:* – No sé. Sólo **sé** que **es** de Almodóvar.
11 *Teresa:* ○ ¿A qué hora **empieza**?
12 *Cristina:* – A las nueve y media.
13 *Teresa:* ○ Bueno, está bien. Pero antes **quiero** pasar por casa.
14 *Cristina:* – Estupendo.

3 Ángel habla de sí mismo – Ángel spricht über sich selbst

Me llamo Ángel. Trabajo en un banco y además, por la tarde, estudio BUP en un Instituto. Termino el trabajo en el banco a las cinco y tengo que estar en el Instituto a las seis. Hoy desayuno en una cafetería con mi prima Margarita y Ernesto, un amigo.

4 ¿A qué hora?

1 – ¿A qué hora cierra el banco?
○ A las dos.
2 – ¿A qué hora cierra el súper?
○ A las ocho de la tarde.
3 – ¿A qué hora cierra la oficina?
○ A las seis menos cuarto.
4 – ¿A qué hora cierra la cafetería?
○ A las once y media de la noche.
5 – ¿A qué hora cierra la farmacia?
○ A las ocho y media de la tarde.
6 – ¿A qué hora cierra el restaurante?
○ A las doce, de la noche./A medianoche.

5 ¿Con acento o no? – Mit oder ohne Akzent

Laura Pérez trabaja en una farmacia. Hoy tiene mucho que hacer.
Después del trabajo, por la tarde, toma un café en una cafetería.
Luego entra en una librería para comprar un libro en inglés. El libro es para su amiga María que está en el hospital.
Su amiga está en la habitación número dieciséis.
Cuando llega Laura, el médico está allí.
A las diez va a casa en taxi porque por la noche hay muy pocos autobuses.

6 Pregunte usted – Fragen Sie

1 ¿Dónde trabaja Laura?
2 ¿Cuándo toma un café?
3 ¿Qué hace en la librería?
4 ¿Dónde está su amiga?
5 ¿Cómo se llama su amiga? ¿En qué habitación está?
6 ¿Cómo va Laura a casa?
7 ¿Por qué no toma el autobús?

7 De la mañana a la noche

Hörverstehenstext:
Me llamo Ignacio Alonso. Tengo veintiseis años. Eh ... Soy licenciado en Económicas y trabajo de subdirector en una empresa de Artes Gráficas.
Me levanto alrededor de las siete y media de la mañana, porque mi trabajo comienza a las ocho y media.
Suelo llegar a las ocho y media , como he dicho, y estoy en la oficina normalmente hasta las doce de la mañana, organizando el trabajo diario de la oficina. A las doce suelo salir a visitar clientes hasta la hora de comer. Como sobre la marcha, un sándwich, una comida rápida, y me vuelvo a la oficina otra vez por la tarde.
Suelo estar hasta las seis y media o siete en la oficina y normalmente después ... eh ... vuelvo a

casa y continúo trabajando algo, si me ha quedado algo pendiente de por la mañana.
Entre semana, por las noches, no suelo salir y acostarme pronto, alrededor de las once de la noche. Y, antes de acostarme y después del trabajo en casa, suelo oír música un poco, ver la televisión o leer algún libro.
Los fines de semana, incluyendo el viernes, suelo salir con mis amigos por la noche, ya que es el único momento cuando estoy descansado y puedo disfrutar de una cena ... o de una charla con ellos.

Hörverstehensübung:
1 Sí (es joven), tiene veintiséis años.
2 Es subdirector en una empresa de Artes Gráficas.
3 Sale alrededor de las siete y media porque empieza a trabajar a las ocho y media.
4 Suele trabajar diez u once horas por día.
5 Después del trabajo de lunes a jueves suele trabajar en casa, oír música, mirar la TV o leer algún libro.
6 (Los fines de semana) suele salir con los amigos.

8 De esta manera lavamos

De esta manera lavamos **la ropa.**
Así, así, así.
De esta manera lavamos **la ropa**
el **lunes** por la **mañana**.

De esta manera planchamos **la ropa.**
Ayudo así, así, así.
De esta manera planchamos **la ropa**
el **martes** por la **mañana**.

De esta manera cosemos **la ropa.**
Así, así, así, así.
De esta manera cosemos **la ropa**
el **miércoles** por la **mañana.**

De esta manera hacemos **el pan**.
Ayudo a mi **madre** así, así.
De esta manera hacemos **el pan**
el **jueves por la mañana.**

De esta manera **hacemos** las compras.
Ayudo a mi **padre** así, así.
De esta manera **hacemos** las compras
el **viernes por la mañana.**

De esta manera limpiamos **la casa.**
Ayudo así, así, así.
De esta manera limpiamos **la casa**
el **sábado por la mañana**.

De esta manera nos **vamos** a misa.
Así, así, así, así.
De esta manera nos **vamos** a misa
el **domingo por la mañana.**

9 Un anuncio

1 Es para personas que desean estudiar.
2 Veinticinco años.
3 (Hay) cursos intensivos.
4 (Los exámenes son) en abril.

21 Una cita

1 En la misma cafetería

Hörverstehenstext:
En la misma cafetería desayuna hoy el jefe de ventas de una empresa de exportación. Se llama Jaime Galván. Termina su café y paga ... «ciento sesenta ... setenta ... Gracias, adiós ...»
Su oficina está cerca. Va a pie. A las diez y cuarto llega a la oficina un cliente inglés. Es representante de una empresa de importación. Los dos señores trabajan toda la mañana. A la una el señor Galván llama a su casa. Marca el número: dos – catorce – cuarenta y siete – ochenta y cinco.

Hörverstehensübung:
1 (El señor Galván desayuna) en una cafetería.
2 (Paga) ciento setenta pesetas.
3 Es jefe de ventas en una empresa de exportación.
4 Va a pie.
5 (El cliente llega) a las diez y cuarto.
6 Es de Inglaterra.
7 Llama a (su) casa.

2 ¿Cómo estás?

– Hallo, Carlos. Wie geht es dir?
○ Gut, danke. Und dir?
– Es geht. Hör mal, Carlos, ist Clara da?
○ Nein, sie ist nicht da. Sie ist in den Retiro-Park gegangen.
– Gut, danke.
○ Bitte, bitte. Tschüß.

3 Carlos y su prima Clara

Lösungsvorschlag:
Carlos es el primo de Clara. Está en el restaurante «Colón». (Él) almuerza siempre allí. Después de comer llama (por teléfono) a su prima.

Carlos: – ¿Está Clara (en casa)?
Clara: ○ (Sí), soy yo.
Carlos: – Soy Carlos. ¿Qué tal, Clara?
Clara: ○ Muy bien, gracias. ¿Estás en la oficina?
Carlos: – No, estoy en el restaurante.
Clara: ○ ¿Estás con tu amigo (ahí)?
Carlos: – No, Julio (se) ha ido a Lebrija.
Clara: ○ ¿A Lebrija? ¿Dónde está Lebrija?
Carlos: – En Andalucía.

5 La señora y el señor Galván

Lösungsvorschlag:
La Sra: Hola, Jaime. ¿No almuerzas en casa hoy?
El Sr: No, tengo que almorzar con un cliente de Londres. ¿Quieres tú también comer con nosotros?
La Sra: ¿Dónde almorzáis?
El Sr: En el restaurante Canaletas.
La Sra: ¿A qué hora pensáis almorzar?
El Sr: A las dos.
La Sra: ¿Y qué hora es ahora?
El Sr: Es la una y pico.
La Sra: Sí, muy bien, pero primero tengo que preparar la comida para los niños.

6 oye – por favor – claro

1 a) oye
b) mire
2 no sé
3 lo siento
4 eso es/bueno
5 por favor
6 ¿verdad?/¿mo?
7 muy bien
8 estupendo
9 ah, sí, claro/eso sí
10 no, hombre no/no, mujer
11 de nada

7 Llamada telefónica – Telefongespräch

Lösungsvorschlag:
– Dos – seis – uno – cuatro – ocho – seis.
○ Dígame
– ¡Hola! Soy Paco. ¿Está Vicente?
○ Soy yo.
– ¡Ah, eres tú! ¿Cómo estás, Vicente?
○ Bien, gracias. ¿Y tú?
– My bien. Oye, ¿vamos al cine mañana?
○ Lo siento, mañana tengo curso de español. ¿Vamos el viernes?
– Muy bien. ¿Vamos al Cinestudio?
○ ¿Qué película ponen?
– Una película francesa muy buena. ¿Vamos a las ocho?
○ ¡No, hombre, no! Si a las ocho cenamos en casa. Mejor a las diez.
– Muy bien. Hasta las diez, entonces.
○ ¿Dónde?
– En la entrada.
○ Bueno, muy bien. ¡Hasta luego!

22 Dos postales ... – ... y una carta de México

Dos postales ...

1 ¿Qué escribe Miriam?

Escribe que ya están en Vega. Van a estar 15 días allí y luego van a ir a Galapagar. La pensión es sencilla pero muy limpia, la gente es simpática y la playa es una maravilla.
Mañana piensan ir a Cangas de Onís y subir luego al monasterio de Covadonga y a los lagos. Ruth y ella tienen una habitación con vistas al mar.

2 ¿Qué va a hacer Pepe?

Beispiele:
– ¿Qué va a hacer Pepe el domingo?
○ Va a ir al cine.
– ¿Qué van a hacer Pablo y Marisa el domingo?
○ Van a descansar porque han trabajado mucho esta semana.
– ¿Qué vais a hacer tú y Ruth/ vosotras el domingo?
○ Vamos a estudiar francés.
– ¿Qué va a hacer la señorita García el domingo?
○ Va a ir a la piscina.

3 Aquí no llueve nunca

Lösungsvorschlag:
1 – ¿Aquí en Almagro llueve en verano?
○ No, aquí en Almagro **no** llueve **nunca** en verano.
2 – ¿Vas mucho a la discoteca?
○ No, (yo) **no** voy **nunca** a la discoteca.
3 – ¿Toman ustedes mucho vino?
○ No, **no** tomamos **nunca** vino.

4 – ¿Trabajas el fin de semana?
○ No, (yo) **no** trabajo **nunca** el fin/los fines de semana.
5 – ¿Han estado ya en México?
○ No, **no** hemos estado **nunca** en México.
6 – ¿Desayunáis todas las mañanas (como muchos españoles) en una cafetería?
○ No, **no** desayunamos **nunca** en una cafetería.
7 – ¿Lleva mochila para los viajes?
○ No, **no** llevo **nunca** mochila para los viajes.

4 Traducción

Lösungsvorschlag:
Doña Iraida: – He recibido una postal de Miriam.
María Pilar: ○ ¿Qué cuenta/escribe?
Doña Iraida: – (Que) están ahora en Vega. Allí se van a quedar una semana y desputés von a ir a Burgos.
María Pilar: ○ ¿Y dónde viven?
Doña Iraida: – Están e una pensión directamente en la playa.
María Pilar: ○ ¿Van a hacer también excursiones?
Doña Iraida: – Sí, van a ir hasta Galicia y sobre todo van a visitar Santiago.
María Pilar: ○ ¡Qué bien! Galicia es una región encantadora.

6 Los niños preguntan mucho

Lösungsvorschlag:
1 – ¿De dónde es usted?
○ Soy del norte de Alemania.
2 – ¿Cómo se llama?
○ (Me llamo) Rudolf Henning.
3 – ¿Dónde vive (usted)?
○ Vivo en las afueras de Kiel.
4 – ¿Es una ciudad grande?
○ No, es una ciudad pequeña.
5 – ¿De quién es el coche?
○ (El coche) es de mi padre.
6 – ¿Adónde va usted?
○ Ahora voy a Castellón.
7 – ¿Por qué?
○ Porque hay una fiesta allí.
8 – ¿Cuándo es la fiesta?
○ Mañana.

... y una carta de México

7 En la playa

– Me llamo Dieter Peters. ¿Y usted?
○ (Yo) me llamo Soledad Parra.
– (Yo) voy a quedarme quince días aquí. ¿Y usted?
○ (Yo) tengo que irme mañana.

8 Una carta de México

1 Claudio (escribe la carta).
2 Escribe a Bruno.
3 Para aprender el español.
4 No sé.

5 ¿Qué hacéis los fines de semana?
6 ¿Adónde vais a ir el domingo?
7 ¿Cómo es el tráfico en (la ciudad de) México?
8 ¿Te levantas tarde?

9 Claudio escribe a Bruno

Hörverstehenstext – Hörverstehensübung:
México D.F., 10 de diciembre de 1990
¿Sabes **cuántos habitantes** tiene esta ciudad?
¡**Catorce** millones!
Pero esto no es nada. El año **dos mil** va a **tener** – dicen – **treinta millones. Casi** como toda España.
Bueno, **estudio** mucho y **aprendo** una barbaridad.
¡Ah, felices Navidades! Yo **voy a pasar** las Navidades en Cancún. Espero poder bañarme.
Hasta pronto. Un **abrazo** de tu amigo.
Claudio

10 Una visita guiada a Madrid

Lösungsvorschlag:
Querido Claudio:
Hoy he hecho una excursión por Madrid. He salido de la Plaza de la Cibeles a las nueve y media y he llegado al Museo del Prado a las diez. Allí hay obras de pintores muy famosos, por ejemplo, «Las Meninas» de Velázquez.
A las doce he hecho una visita con guía a las Cortes. Después he comido tortilla de patatas y flan en un restaurante muy bueno. A las tres de la tarde he ido a un concierto al aire libre en la Plaza de Santa Ana. Después he comprado un poco de ropa. Por la noche he cenado en un restaurante con espectáculo folclórico.
Muchos besos de
Tía Mary

12 Telegramas – Telegramme

1 Gerardo: Sin dinero. He perdido (el) billete (de) avión. Necesito quinientos marcos. Gracias. Marta.
2 Estoy bien. Tengo empleo (en la) Agencia Meliá y (una) habitación cerca (de allí. Un) beso (de) Karin.
3 Llego (a) Barajas (el) veinte (de) febrero (a las) nueve de la mañana. ¿Me esperáis allí? Un abrazo. Claudio.

23 En la estación de servicio

1 Preguntas

1 (Está) en las afueras de Valencia.
2 (El coche) tiene matrícula alemana.
3 El conductor (levanta el capó del coche).
4 Hay un ruido raro.
5 En seguida (va a mirar el motor).
6 (El conductor) quiere llamar por teléfono a Alemania.

2 ¿Han cenado ustedes?

1 Los Weisenhorn no **han ido** directamente al hotel.
2 Primero **han visitado** la catedral.
3 Después, en la plaza, **han tomado** una cerveza.
4 Poco antes de las diez **han ido** al hotel, en la Plaza de la Constitución.
5 No **han podido** aparcar el coche allí.
6 Finalmente **han aparcado** en otra calle, aunque **ha tenido que** ser bastante lejos del centro.
7 **Han ido** a pie al hotel y no **han llegado** allí hasta las once o así.
8 El recepcionista habla con ellos:
9 – Buenas noches. ¿Ya saben que no tenemos restaurante? **¿Han cenado** ustedes? **¿Han comido** algo?
10 – Sí, sí, **hemos comido** unos bocadillos, muchas gracias.

3 ¿Y qué cuenta Paloma?

Lösungsvorschlag:
Mi marido/Pedro, ya sabes, trabaja en una estación de servicio en las afueras.
Hoy ha llegado un señor con un coche con matrícula alemana. (El señor) ha dicho que hay un ruido raro en el motor. Han tenido que parar varias veces porque ha salido mucho humo. Pedro ha revisado el motor. Mientras tanto, el señor ha llamado por teléfono a Alemania y ha tomado un refresco en el bar.

4 La señora marca un número

Hörverstehenstext:
La señora marca un número.

Señora:	(3-7-1-0-4-5-4)
Señor:	Hotel El Sol. ¡Dígame!
Señora:	Quiero reservar una habitación doble con ducha para esta noche.
Señor:	Lo siento, señora. Para hoy solamente tengo una doble con baño.
Señora:	¿Cuánto cuesta?
Señor:	Mil doscientas pesetas.
Señora:	Muy bien.
Señor:	¿Para cuántos días?
Señora:	Dos, hoy y mañana.
Señor:	Su nombre, por favor.
Señora:	Weisenhorn. W-e-i-s-e-n-h-o-r-n.
Señor:	¿A qué hora piensan llegar?
Señora:	No sé, entre las ocho y las nueve, creo.
Señor:	Muy bien, bienvenidos.

Hörverstehensübung:
1 (La señora llama) al hotel El Sol.
2 No, (reserva) una habitación doble.
3 No, con baño.
4 Para dos días.
5 (Se llama) Weisenhorn.
6 (Piensan llegar) entre las ocho y las nueve.
7 Cuesta mil doscientas pesetas.

5 ¿Qué hace Paloma?

1 Descuelga el auricular.
2 Introduce las monedas en la ranura.
3 Marca el número.
4 Habla con Charo.

6 Una llamada de un minuto

Lösungsvorschlag:
- Soy/Me llamo Margit Brand.
- Llamo de/desde Alemania.
- Soy la hermana de Karin.
- Llego a Barajas esta noche a las once y cuarto.
- Voy a tomar el autobús al centro.
- Ella puede esperar allí/en la terminal.

7 Una llamada a Alemania

Alemania	→	07-49-711 (Stuttgart) –
Suiza	→	07-41- ...
Austria	→	07-43- ...

8 Deseo reservar ...

Lösungsvorschlag:
Quiero reservar una habitación doble con ducha y con vistas al mar, por favor. Llegamos el viernes 28 de agosto.
Mi nombre es ...

10 ¡Beba agua mineral!

Beispiele:

A

conteste	antworten Sie
pregunte	fragen Sie
rellene	füllen Sie aus
reserve	reservieren Sie
escuche	hören Sie
compre	kaufen Sie
trabaje	arbeiten Sie
complete	vervollständigen Sie

B

escriba	schreiben Sie
déme	geben Sie mir
tenga	bitte sehr/da haben Sie
oiga	hören Sie
diga	sagen Sie
traduzca	übersetzen Sie
introduzca	führen Sie ein/stecken Sie

C

descuelgue	nehmen Sie den Hörer ab	descolgar
marque	wählen Sie (Telefonnummer)	marcar

D
1 **Beba/Beban** agua mineral de Lanjarón.
2 **Mire/miren** el telediario a las ... .
3 **Déme/Denme** dos entradas, por favor.
4 **Cierre/Cierren** la puerta, por favor.
5 **Perdone/Perdonen** la molestia (Störung).
6 **Rellene/Rellenen** el formulario.
7 **Espere/Esperen** un momentito.
8 **Conteste/Contesten** a las preguntas.
9 **Estudie/Estudien** español en Salamanca.
10 **Pase/Pasen** por la puerta número cuatro.

11 Conversación telefónica

Lösungsvorschlag:
– Uno – veintitrés – cuarenta y cinco – sesenta y siete
○ Dígame.
– Soy Carlos. ¿Cómo estás?
○ (Muy) bien, gracias.
– Oye, estoy en Valencia, en el hotel Colón. ¿Puedes estar aquí mañana a las ocho?
○ ¿Dónde está el hotel? ¿Qué número de teléfono tiene?
– Está en Isabel de Villena, 21. Teléfono: 3-71-04-54.
○ ¿Cómo?/¿Qué dices? Hotel Colón, en Isabel Villena, 21. Teléfono 3-71-04-54.

24 En la playa

1 Diálogos de todos los días

1 ¿Cómo estás? → Muy bien gracias.
2 ¿Vamos al cine? → ¿A qué hora?
3 ¿Damos una vuelta? → Sí, buena idea.
4 No tengo tiempo. → ¡Qué pena!
5 Buen viaje. → Gracias, igualmente.
6 ¡Mucha suerte! → Gracias, gracias.
7 Perdón. → No importa.

2 Mañana vamos a ...

1 – Mañana queremos alquilar un coche. ¿Pero cómo?
○ ¿No habéis visto el anuncio en el hotel?
– No. ¿Dónde?
○ En la recepción.

2 – ¿Has visto la película japonesa?
○ No, pero mi hermana ha dicho que es preciosa.
– Sí, todo el mundo dice que es muy buena.

3 – Esta noche voy a/quiero escribir a la abuela y al abuelo/a los abuelos.
○ Yo ya he escrito una postal.

4 – ¿Quién ha hecho esta escultura?
○ Chillida, creo. Me gusta mucho.
– ¿De verdad? No me gustan mucho las esculturas de Chillida, pero yo no entiendo mucho de arte moderno.

4 Periódicos españoles y extranjeros

– ¿Tiene usted periódicos en **alemán**?
○ No, lo siento. No quedan. ¿Son ustedes **alemanes**?
– No, somos **austríacos**.
○ ¿No hablan **francés**? Tenemos «Le Monde» y ...
– No, entonces mejor un periódico **español**. Déme este ..., el «Avui».
○ Pero si el «Avui» está en **catalán** ... Tenga «El País», que está en **castellano**.

5 Un folleto de una agencia de viajes

Lösungsvorschlag:
1 En la foto vemos las famosas pirámides de Teotihuacán.
2 En México, como en toda Latinoamerica, hay muchas fiestas.
3 En México D.F. hay un tráfico enorme. La contaminación del aire es un gran problema.
4 Las plataformas del golfo.
5 La industria del petróleo es muy importante en México.

6 ¿De qué hablan?

Hörverstehenstext:
El señor: Puf, hace mucho calor, ¿eh?
La señora: Sí, ¿qué hora es?
El señor: Creo que son las doce y media.
La señora: ¿No más? Tengo hambre ...
El señor: ¿Ya? El almuerzo es a las dos. ¿Quieres beber algo?
La señora: No, beber no. Mejor un helado.
El señor: Bien. ¿De vainilla o de chocolate?
La señora: Uno de chocolate, por favor.
El señor: A ver ..., ¿dónde tengo el dinero?

Hörverstehenübung:
Hablan del tiempo que hace y de qué hora es.
Hace mucho calor.
Son las doce y media. El almuerzo es a las dos, pero la señora tiene hambre.
Quiere un helado de chocolate. El señor busca su dinero.

9 Fechas

a) (el) cuatro de junio de mil novecientos setenta y cinco

b) (el) diecinueve de mayo de mil novecientos treinta y tres
c) (el) veinticuatro de noviembre de mil novecientos cuarenta y siete
d) (el) veintiuno de marzo de mil novecientos noventa
e) (el) veinticuatro de diciembre de mil novecientos sesenta y cinco
f) (el) diez de marzo de mil novecientos siete

25 Un joven gallego

2 ¡Qué cansada estoy!

– ¡Qué cansada estoy!
○ ¿Por qué? ¿A qué hora **llegaste** anoche?
– **Llegué** a las diez y media de la noche. ¿Y cuándo **llegasteis** vosotros?
○ También tarde. Después del cine fuimos a tomar algo y **llegamos** a casa a eso de la una.
– ¿Los chicos también?
○ No. Ellos **llegaron** pronto, pero todavía están en la cama.

3 Palabras emparentadas – Verwandte Wörter

a) estudiar → el/la estudiante
emigrar → el/la emigrante
ducharse → ducha
pescar → el pescador
producir → el productor
gustar → gusto
vender → el vendedor/la vendedora
llamar → llamada

b) casarse → casado
tardar → (muy) tarde
conocer → conocido
cortar → cortado

c) la peluquería → el peluquero, la peluquera
la portería → el portero, la portera
Francia → el francés, la francesa
Madrid → el madrileño, la madrileña

4 Octavio habla de sí mismo – Octavio spricht über sich selbst

Lösungsvorschlag:
Me llamo Octavio Ferreira. Vivo con mis padres en Villar Fernando, un pueblo gallego. Tengo tres hermanos y una hermana. Todos son mayores que yo. El mayor, que es el único que está casado, emigró a Venezuela hace muchos años. El segundo y la tercera viven en Vigo y el cuarto está haciendo el servicio militar en Ceuta. Mi padre ya es viejo y yo salgo solo a pescar a la ría.

5 La tarde de Octavio

Por la tarde Octavio regresó al puerto, descargó la pesca y llevó las cajas a la lonja.
En una hora, más o menos , vendió todo el pescado.
Satisfecho con la venta, se fue luego al bar a charlar con los amigos.

6 Una receta rápida: Macarrones con tomate
Ein Schnellgericht: Makkaroni mit Tomatensauce

Para preparar macarrones con tomate:
1 Cuezo los macarrones durante doce minutos.
2 Escurro los macarrones con ayuda de un colador.
3 Echo en una sartén dos cucharadas de aceite, una cebolla picada y un tomate en trozos pequeños.
4 Frío la cebolla y el tomate a fuego lento durante quince minutos.
5 Paso todo en la batidora.
6 Pongo primero los macarrones y luego la salsa en una fuente. Añado queso rallado.
7 Meto la fuente durante 10 minutos en el horno.
8 Sirvo los «macarrones con tomate».

1 Cueza(n) los macarrones durante doce minutos.
2 Escurra(n) los macarrones con ayuda de un colador.
3 Eche(n) en una sartén dos cucharadas de aceite, una cebolla picada y un tomate en trozos pequeños.
4 Fría(n) la cebolla y el tomate a fuego lento durante quince minutos.
5 Pase(n) todo en la batidora.
6 Ponga(n) primero los macarrones y luego la salsa en una fuente. Añada(n) queso rallado.
7 Meta(n) la fuente durante 10 minutos en el horno.
8 Sirva(n) los «macarrones con tomate».

7 En la lonja del pescado

Hörverstehenstext:

– Diez cajas de sardinas ...: 10.000, 9.800, 700, 600, 500 ...
○ ¡Mía!
– ¿Quién ha sido?
○ Aquel señor del rincón.
– Muy bien, 9500. Cinco cajas de merluza ...: 15.000 ...

Hörverstehensübung:

1 (El señor) compra diez cajas de sardinas.
2 Paga nueve mil quinientas pesetas.

8 Ayer por la noche ...

Ayer por la noche Juan José Carmena y su mujer, Soledad Marín, **volvieron** de un viaje a la capital.
Fueron directamente a casa de los padres de Juan José a buscar a sus hijos.
Llegaron muy tarde a casa.
La hija menor **se fue** a la cama en seguida.
Para los otros Soledad **preparó** una tortilla.
Luego **tomaron** café juntos en el cuarto de estar y Juan José **contó** a su hijo menor cosas de su viaje:
«Mamá y yo **fuimos** a casa de la tía y **cenamos** con ella el jueves. Ayer yo **trabajé** todo el día con el señor Suárez».
«Y tú, ¿qué **hiciste** entonces, mamá?»
«Yo ..., pues **me quedé** en casa de la tía».
«¿Y no **fuiste a El Corte Inglés?**
¿No **compraste** nada?»
«Claro que sí. A ver si adivinas ...».

26 ¿Qué le pasa?

1 El cuerpo humano – Der menschliche Körper

1 la cabeza
2 el brazo
3 la pierna
4 la mano
5 el estómago
6 la rodilla
7 el pie

2 ¿Qué le duele?

– ¿Qué le duele, señor?
○ Me duelen las piernas.

– ¿Qué le duele, señor?
○ Me duele la garganta.

– ¿Qué le duele, don Paco?
○ Me duele el estómago.

4 ¿Le gusta? ¿Le duele? ¿Qué le pasa?

a) 1 Das Buch gefällt ihm/ihr/Ihnen nicht.
2 Ihr/Ihm/Ihnen tun die Augen weh.
3 Was fehlt ihm/ihr/Ihnen jetzt?

b) 1 Me duele la cabeza.
2 Le duelen los ojos.
3 ¿Te duelen los pies?
4 No le gusta el café.
5 Le gustan los niños.
6 ¿Qué te pasa?

5 En la consulta – In der Sprechstunde

Lösungsvorschlag:

Médico: – El siguiente.
Paciente ○ Buenos días.
Médico: – Buenos días. ¿Qué le pasa?
Paciente: ○ No sé. Me duele todo. Creo que tengo fiebre.
Médico: – ¿Qué temperatura tiene?
Paciente: ○ Treinta y nueve y medio.
Médico: – Vamos a ver. ¿Qué le duele?
Paciente: ○ Me duelen sobre todo la cabeza y la garganta.

Médico: – Tiene usted gripe. Aquí tiene unos supositorios. Pronto va a estar mejor.
Paciente: ○ Ojalá. Muchas gracias.

6 «Sin estrés»

1 España – estado – estudiar – estudiante – estación – escultura

2 Estrasburgo – Straßburg
Esteban – Stephan
escena – Szene
estadio – Stadion
esqueleto – Skelett
estadística – Statistik
estatua – Statue
estilo – Stil
estéril – steril
estrófa – Strophe
espontáneo – spontan
escala – Skala
escándalo – Skandal
eslavo – slawisch
estructura – Struktur
espía – Spion/in
espárrago – Spargel
espectacular – spektakulär
espinacas – Spinat
estereofónico – stereophon(isch)
estrés – Streß
estresado – gestreßt
estresar – stressen
estresante – stressig

27 Tiempo libre

1 Modesto, Paula y Ernesto

1
Lösungsvorschlag:
Los días laborables Modesto se entrena en un equipo de fútbol y, cuando puede, hace los deberes.
El sábado generalmente duerme hasta las diez. Desayuna y luego juega al fútbol.
El domingo duerme mucho, va al fútbol, escucha la radio y mira la tele.

Los días laborables Paula escucha música, toca la guitarra, hace punto y juega con su gato.
El sábado por la mañana pone orden, da una vuelta por el centro o acompaña a su madre al mercado. Por la tarde va al cine o a la discoteca con los amigos.
El domingo por la mañana va a misa y almuerza con su familia. A veces van de excursión o a casa de los abuelos.

2
Lösungsvorschlag:
Los días laborables Ernesto ve la tele y lee el periódico.
El sábado va temprano al campo. Le gusta ir de caza con un amigo. Por la tarde lee mucho y va siempre que puede con su novia al teatro o al cine.
El domingo está con Paloma, su novia. Visitan museos, galerías de arte o pasan el día en el campo.
Por la tarde leen, charlan, ven un poco la tele.

Los días laborables Amparo lee el periódico, estudia inglés, hace punto y mira a veces la tele.
Los sábados, después de recoger la casa, va al centro. Por la tarde suele coser, leer o jugar a las cartas. A veces cena con sus amigos en casa o en un restaurante.
Los domingos da un paseo con su familia o va al campo. Por la tarde hace trabajos manuales o mira la tele.

5 María López

Hörverstehenstext:
Me llamo María López. Soy secretaria y trabajo en una oficina en el centro de Bilbao. Vivo con mis dos hijos. No tengo mucho tiempo libre, pero un día a la semana – el lunes – voy a una academia de idiomas. Estudio inglés.
Me gusta mucho. Tenemos un profesor estupendo. En mayo voy a ir a Inglaterra con una amiga. Mi madre va a quedarse entonces con los niños.

Hörverstehensübung:
Se llama María López. Es secretaria y trabaja en una oficina en el centro de Bilbao. Tiene dos hijos. (Vive con sus dos hijos.) No tiene mucho tiempo libre, pero un día a la semana – el lunes – va a una academia de idiomas. Estudia inglés. Le gusta mucho. Tiene/n un profesor estupendo. En mayo va a ir a Inglaterrra con una amiga. Entonces su madre va a quedarse con los niños.

8 ¿Vas al colegio o a la Universidad?

Hörverstehenstext:
– ¿Estás estudiando?
○ Sí.
– ¿Vas al Colegio o a la Universidad?
○ A la Universidad.
– Eh ... Cuando no vas a clase, ¿te quedas en casa o vas con los amigos?
○ Durante (la) semana me suelo quedar en casa. Los fines de semana voy con los amigos.
– ¿Dedicas mucho tiempo a estudiar?
○ Sí, bastante.
– ¿Qué haces cuando estás fuera de casa?
○ Me gusta ir a tomar cervezas con mis amigos, ir al cine o al teatro.
– ¿Haces algún deporte?
○ Sí.
– ¿Los domingos a qué los dedicas?
○ Por la mañana me suelo levantar más tarde que los demás días. Eh ... luego, o leo el periódico o me voy a dar un paseo.
– En vacaciones, ¿cuál es tu actividad?
○ Me encanta viajar. Intento salir siempre fuera de España.
– ¿Haces algún trabajo con el que conseguirte algún dinero?
○ Sí, ahora mismo doy clases a niños pequeños y estoy haciendo trabajos ayudando a una empresa de jardines.
– ¿Ayudas en tu casa?
○ Sí, lo que puedo.

Hörverstehenübung – Lösungsvorschlag:
1 Sí, los días laborables se levanta temprano.
2 Sí, da clases a niños pequeños y está ayudando en una empresa de jardines.
3 Va a tomar cervezas con sus amigos, va al cine o al teatro.
4 No, sólo los fines de semana.
5 Le gusta viajar fuera de España.

9 Los españoles y el deporte

Lösungsvorschlag:
a) El treinta y cuatro por ciento de la población practica uno o más deportes.
b) El veinticinco por ciento de las personas no tienen tiempo o no les gusta practicar deportes.
c) El cuarenta y dos por ciento de los deportistas piensa que es bonito practicar deportes en parques, en el campo o en el mar y no en instalaciones especiales.
d) El sesenta y seis por ciento no hace deportes.
e) El nueve por ciento dice que hay escasez de instalaciones públicas y por eso no practica deportes.

28 El tiempo ... –
Los meses – Adivinanza – ... y las estaciones del año – Todos hablamos del tiempo

1 Dos calendarios

1 Europa

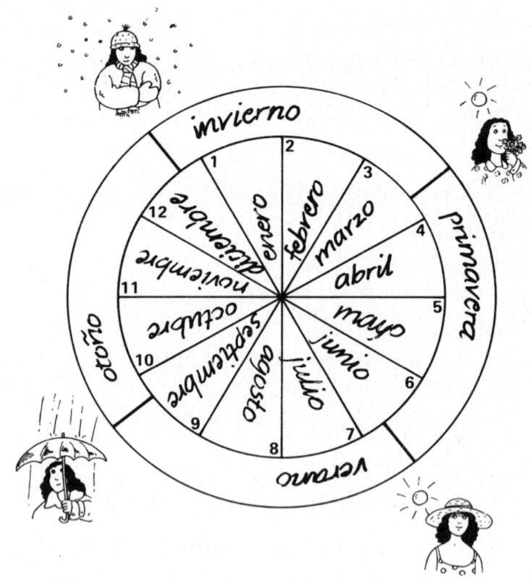

2 Chile, Argentina

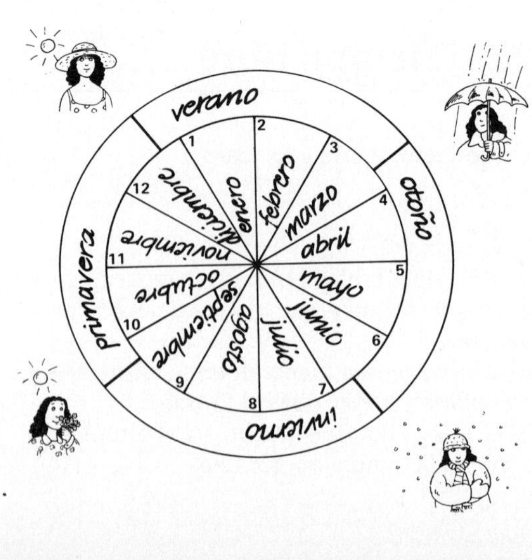

2 El tiempo en febrero

Lösungsvorschlag:
1 Estamos en febrero. En el norte de Europa es invierno.
2 Hace muy mal tiempo. Nieva.
3 Erik ha leído en el periódico que en Uruguay hace buen tiempo.
4 Allí es verano ahora.
5 «Lo tengo que hacer», piensa.
6 Erik vende su coche y va a Uruguay.
7 Hace muy buen tiempo allí. Hace mucho calor.
8 Erik tiene mucha sed. Tiene que beber mucho.

3 ¡Buen provecho! – Guten Appetit!

– ¿Está **bueno** el queso?
○ Sí, muy **bueno**.
– ¿Quieres también un vino **bueno, bueno**?
○ **Buena** idea. Un **buen** vino siempre es agradable.
– Entonces, ¡**buen** provecho y salud!
○ Gracias, igualmente.

4 uno – bueno – grande – malo

Lösungsvorschlag:
1 **Gran** Canaria es la isla más **grande** de las Islas Canarias.
2 Allí siempre hace muy **buen** tiempo.
3 El hotel Miramar es un **buen/gran** hotel.
4 No tiene restaurante. Pero allí cerca hay dos restaurantes: **uno** pequeño y **uno grande**.
5 El restaurante pequeño es bastante **bueno/malo**, el **grande** es muy **bueno/malo**.

5 ¿Qué tiempo hace? ¿Qué estación del año es?

1 Hace buen tiempo. Es primavera.
2 Hace (mucho) calor. Es verano.
3 Llueve. Es otoño.
4 Hace (mucho) frío. Es invierno.

6 mucho

– Es ist sehr heiß. Ich habe Durst. Ich muß etwas trinken.
○ Ich habe auch (sehr) großen Durst.
– Schmeckt dir das Wasser aus Lanjarón?
○ Ja, sehr.

7 Yo prefiero el sol

Hörverstehenstext:
Sol y buen tiempo
– Qué lata la lluvia, ¿verdad?
○ Ya lo creo. Este tiempo ... tan lluvioso me deprime.
– Yo prefiero el sol.
○ Yo también.
– Es muy importante para mí tener sol y buen tiempo.
○ Por eso entiendo a los extranjeros que vienen a España buscando nuestro sol y nuestra luz.
– Por cierto ..., ¿qué vas a hacer la semana que viene?
○ Todavía no tengo planes hechos.
– ¿Y si hace mal tiempo?
○ Ay ... Entonces me quedo en casa con mi punto y mi libro ... y la butaca.

Hörverstehensübung:

	C	F
1 A Paloma no le importa el mal tiempo. No por eso se queda en casa.		×
2 Paloma quiere ir el domingo a la sierra.		×
3 Entiende bien a los extranjeros que buscan el sol en España.	×	

8 El mapa del tiempo – Die Wetterkarte

Lösungsvorschlag:
a) El cielo está cubierto en casi toda España.
b) No, no hay niebla en Galicia.
c) Hay nieve en los Pirineos.
d) Va a haber tormentas en Cataluña, Valencia y Murcia.
e) En las Islas Baleares hay niebla y el cielo está nuboso.

▷

9 El tiempo en mi país y en España

Seite 45: Madrid → Hace buen tiempo.
Seite 49: Elche → Hace buen tiempo/mucho calor.
Seite 53: México (en octubre) → El cielo está nuboso.
Seite 56-57: Costa del Sol → Hace (muy) buen tiempo.
Siete 104: Zarauz (en julio) → Hace sol.

10 Sol y nieve en Andalucía

	C	F
1 Las montañas del sur de España están muy lejos de la playa.		×
2 La montaña más alta de Sierra Nevada es el Teide.		×
3 Las pistas de esquí son muy estrechas.		×
4 Cuando hace buen tiempo se puede ver África desde la Sierra Nevada.	×	
5 Cuando hace mal tiempo, se puede ir desde la sierra a Granada en menos de una hora.	×	

29 Sobre gustos no hay nada escrito

1 Elogiar y criticar – Loben und kritisieren

¿Qué frases expresan algo positivo?
- Sencillamente impresionante.
- ¡Alucinante, vaya!
- Me encanta.
- Es una obra genial.
- Pues claro.
- ¡Es fabuloso, hombre!

¿Qué frases expresan algo negativo?
- Es una tomadura de pelo.
- Feísimo.
- ¡Qué cosa más rara!
- No me dice nada.
- Más bien me hace reír.

2 Divertido y ...

grande → pequeño
nuevo → viejo
bueno → malo
caro → barato
feo → bonito
divertido → aburrido
largo → corto

3 Sobre gustos ...

Lösungsvorschlag:
– ¿Quién ha pintado el cuadro número uno?
○ No lo sé.
– Mire/Mira la página doscientos ochenta y siete.
○ Es (un cuadro de) Picasso. ¿Le/te gusta?/ ¿Qué te/le parece?
– Me parece muy bonito. ¿Tú que opinas?/ ¿Usted que opina?
○ Es una obra genial.

6 ¿Conoce usted a Leopoldo?

1 Leopoldo se levanta siempre a las seis pero hoy **se ha levantado** media hora más tarde. Ducharse le gusta mucho: un cuarto de hora **ha estado** en la ducha. Cinco minutos más tarde ya **se ha sentado** a desayunar. **Ha desayunado** muy rápidamente, en unos cinco minutos. La parada de autobuses está a dos minutos de su puerta. **Ha tomado** el número quince que le **ha dejado** doce minutos más tarde en el parque, exactamente donde empieza el circuito de footing. El footing le gusta muchísimo a Leopoldo. Hoy **ha dado** cuatro vueltas en 18 minutos. ¡Un récord personal! Después **ha ido** otra vez a la parada para volver a casa. **Ha tenido** que esperar el autobús cinco minutos.

2 *¿Qué hora es cuando Leopoldo llega a casa?*
Son las ocho menos catorce minutos.

**7 Sorpresa – Admiración – Horror
Erstaunen – Bewunderung – Entsetzen**

Lösungsvorschlag:
1 ¡Qué horror!
2 ¿De verdad?

3 ¡Es impresionante!
4 ¿Es verdad? No lo creo.
5 Es fabuloso.
6 Desde luego (que sí).
7 ¿Por qué no?
8 ¿Qué le pasa?
9 ¿Qué vais a visitar?
10 Buena idea.
11 ¡Felicidades!/¡Enhorabuena!

8 ¿Qué sabe usted de Dalí?

Hörverstehenstext – Hörverstehensübung
El excéntrico pintor Salvador Dalí (Figueras, Gerona 1904-1989) es, con Picasso y Miró, uno de los artistas **españoles** más famosos del **siglo veinte**.
Ha pintado **muchos** cuadros, ha **escrito varios** libros y ha producido **una película**, «Un perro **andaluz**», con el director de **cine** Luis Buñuel.
Federico García Lorca, **amigo** del pintor, **ha escrito** un poema titulado "Oda a Salvador Dalí".
Dalí **ha tenido** en su vida muchos amigos, pero **también** muchos enemigos.
Los enemigos de Dalí dicen que en realidad ha tenido **sólo** un amigo: **el dinero**.

30 En la lavandería... – ... y en una exposición de cerámica

1 Se hablan cuatro lenguas

1 In Spanien spricht man vier Sprachen.

2 a) ¿Cómo se hace? – Wie macht man das?
b) Se lava en seco. – Es wird gereinigt.
c) Se ponen las fichas. – Man wirft die Münzen ein.
d) Se aprieta este botón. – Man drückt auf diesen Knopf.
e) El jabón se pone aquí. – Das Waschpulver wird hier eingefüllt.
f) Se seca allí. – Man trocknet es dort.

2 ¿Cómo funciona la lavadora? – Wie funktioniert die Waschmaschine?

1 Se separa la ropa.
2 Se abre la lavadora.
3 Se mete/pone la ropa.
4 Se añade el jabón.
5 Se cierra la lavadora.
6 Se marca la temperatura.
7 Se abre el grifo. ¡Y ya está!

4 A ver

Ana: Mira, he encontrado una falda barata. (Cuesta) solamente 3000 pesetas. ¿Te gusta?
Julia: Sí, pero yo he comprado una falda todavía más barata, dos mil quinientas pesetas.
Ana: ¿De verdad? A ver. Sí, es muy bonita.
Julia: También he comprado dos blusas, una blanca y una azul.
Ana: La azul es la más bonita.
Julia: Claro, también es la más cara.

5 ¿Qué ropa?

Lösungsvorschlag:
1 Para ir a la cama/Para dormir llevo un pijama/un camisón.
2 Si hace mucho frío, llevo un jersey de lana/leotardos/un abrigo.
3 Cuando voy a la discoteca suelo llevar unos vaqueros/una falda/una blusa.
4 Para pasar el día en el campo llevo un pantalón corto/zapatillas/una camiseta.
5 Cuando me presento para un nuevo trabajo llevo un traje/un vestido.

6 Este

1 **esta** casa – **este** coche
este país – **estas** películas
esta ciudad – **estos** cuadros

2 este año: dieses Jahr
esta semana: diese Woche
este domingo: dieser/diesen Sonntag

7 ¡Records! – Rekorde

1 La carretera **más larga** del mundo es la Panamericana (desde Alaska hasta el sur de Chile). Tiene 27.387 kilómetros.
2 El azafrán es una de las especias **más caras**. ¿Sabes cuánto cuesta un gramo?
3 El estadio cubierto **más grande** del mundo es el Estadio Azteca, que está en Ciudad de México.
4 El Canal de Panamá es el canal **más transitado/más navegado** (meist befahren)/ con más tráfico del mundo.
5 El salto de agua **más alto** del mundo está en Venezuela. Se llama Salto del Ángel.
6 El pueblo con el nombre **más corto** del mundo está en Francia. Se llama «Y».

– A ver si adivina usted el diámetro del globo de chicle **más grande** que se ha hecho en el mundo.

9 Compare – Vergleichen Sie

Lösungsvorschlag:
Madrid está a seiscientos cincuenta y cinco metros sobre el nivel del mar.
Burgos está más alto que Madrid: a ochocientos sesenta y nueve metros (sobre el nivel del mar).
Ávila es la ciudad más alta, está a mil ciento treinta metros.

Mallorca es una isla grande: tiene tres mil seiscientos cuarenta kilómetros cuadrados y trescientos mil habitantes.
Menorca es más pequeña que Mallorca.
Ibiza es todavía más pequeña.
Formentera es la isla más pequeña de todas.

El español (no) es una lengua difícil.
El alemán es más difícil que el español.
El chino es dificilísimo/es la lengua más difícil.

10 Ana va de compras – Ana geht einkaufen

Hörverstehenstext:
– Buenos días, señora. ¿Qué deseaba?
○ Buenos días. Pues quiero ... media docena de huevos ... .
– Sí.
○ Que sean gorditos.
– Muy bien.
○ Porque son para fritos.
– De acuerdo. Aquí tiene usted.
○ ¿Qué vale esta media docena, por favor?
– Ciento diez.
○ Quería una botella de leche.
– ¿De litro, litro y medio, entera?
○ Litro y medio.
– Muy bien. Aquí tiene.
○ Bien, gracias. Un bote de mayonesa.
– ¿Cómo la quiere? ¿De qué tamaño?
○ Ligeresa.
– Ligeresa. Muy bien.
○ Voy a mirar la fecha de caducidad.
– Vale, vale. Me parece estupendo.
○ Sí.
– Ahí la tiene.
○ Enero del 91.
– Sí.
○ Bien, conforme, gracias. Y ahora ... unos pimientos de piquillo.
– Muy bien. ¿Pequeños o grandes?
○ No. Grandes.
– ¿Para rellenar?
○ Sí para rellenar, por favor.
– Si quiere bacalao muy rico para rellenarlos ...
○ Bueno.
– También tenemos. En migas, muy bueno.
○ Bien, sí. Pues en migas. Me pone cuarto de kilo, por favor.
– De acuerdo.
○ ¿Qué vale el cuarto?
– Trescientas diecinueve.
○ Muy bien, pues cuarto, entonces.
– Bueno. Pues aquí lo tiene usted.
○ Muy bien. Hágame la cuenta, por favor.
– ¿Qué más quería? ¿Nada más?
○ No, nada. Gracias.
– ... Doscientas ... Y la leche. ¿Tiene usted dónde llevarlo o se lo guardo en una bolsa?
○ Pues, si es tan amable, déme una bolsa, porque no la he traído hoy ...
– Pues aquí tiene usted.
○ Muchas gracias.
– Ochocientas cuarenta y cinco.
○ Conforme. Cóbreme.
– Vale.
○ Gracias.

Hörverstehensübung:

		C	F
1	Una docena de huevos cuesta 220 pesetas.	×	
2	Ana compra dos litros de leche.		×
3	La leche se puede tomar hasta mayo de 1991.		×
4	Ana quiere también pimientos pequeños.		×
5	Compra medio kilo de bacalao.		×
6	Ana paga 845 pesetas en total.	×	
7	El vendedor le da una bolsa.	×	

31 Unas zapatillas de tenis ... – ... y un jersey de algodón

1 Preguntas

1 (Laura y Miguel) están en una tienda de prendas deportivas.
2 (Están allí) porque acaban de empezar las rebajas de verano.
3 (Cuestan) cinco mil novecientas noventa y nueve pesetas.
4 No, son las zapatillas más baratas que hay.
5 (Miguel) calza el cuarenta y dos.
6 Porque (las blancas) se limpian mejor.
7 Después van a una casa de modas.
8 (Compra) un jersey de algodón.
9 Miguel regala las zapatillas a su hermano menor (porque son demasiado estrechas) y Laura regala el jersey a su hermana mayor (porque es demasiado grande).

3 En la zapatería

Lösungsvorschlag:
– ¿Qué desea?
○ ¿Tiene(n) zapatos blancos baratos/no muy caros?
– ¿Qué número calza usted?
○ El cuarenta.
– El cuarenta. Muy bien. Aquí tengo unos zapatos de piel muy buenos.
○ Sí, son muy bonitos/me gustan. ¿Cuánto cuestan?
– Son muy baratos. Cuestan solamente dos mil ochocientas ochenta pesetas.
○ Son demasiado caros. ¿No tiene (usted) zapatos más baratos?
– No, estos son los más baratos que tengo. ¿No quiere probarse estos zapatos?
○ Sí, están bien. Me quedo con ellos. ¿Cuánto ha dicho que valen?
– Son dos mil ochocientas ochenta pesetas. Puede pagar en la caja.

6 ¿Dónde compras?

Hörverstehenstext:
– ¿Dónde compras? ¿En grandes establecimientos o prefieres las tiendas pequeñas ?
○ Me gustan más las tiendas pequeñas en las que he visto ciertas cosas que me han llamado la atención ... Los grandes almacenes tienen siempre demasiado jaleo.
– ¿Ahorras algo de la paga de Navidad?
○ Lo intento, pero es dificilísimo.
– El día de Añoviejo, ¿también haces celebración?
○ Sí, toda la familia ... Cada uno sale después a un ..., a sus diversiones, pero siempre tomamos las uvas todos juntos.
– ¿Haces paquetes para las uvas o las compras ya?
○ Las hago yo en casa.
– ¿Y también haces lombarda ... y pavo ... y besugo?
○ No, no les gusta tan ... tan tradicional la cena. Es una cena ... algo distinta.

Hörverstehensübung:
1 (Ella) prefiere las tiendas pequeñas porque en los grandes almacenes hay siempre demasiado jaleo.
2 Sí, intenta ahorrar algo, pero es muy difícil.
3 Cenan todos juntos.
4 Cada persona tiene un paquete con uvas para las doce de la noche del Añoviejo.

7 ¿Mejor o peor?

Lösungsvorschlag:
– Pedro no es quizá el mejor alumno, pero es el más simpático.
– Su hermano mayor se llama Juan. Su hermana menor se llama Luisa. Él tiene nueve años.
– (Ellos) viven en Madrid. Madrid es la ciudad más grande de España, pero es más pequeña que Londres.

8 ¿Cómo se dice?

Lösungsvorschlag:

1 ¿Qué hora es, (por favor)?
2 Querida Mónica/Querido Pablo: Un cordial saludo/Un fuerte abrazo de .../Besos de ....
3 ¿En qué piso vive la familia García?
4 Me duele el estómago/la cabeza/la garganta. ¿Me puede dar algo?
5 Estupendo, vamos.
6 (Tengo un billete para diez viajes.) Por favor ¿qué se hace para pasar?
7 Lo siento (mucho).

9 Compras de Navidad

Hörverstehenstext:

– ¿Tienes ya preparadas todas las compras de Navidad?
○ Tengo alguna ya hecha y otras en preparación.
– ¿Eres prevenida y lo has hecho con la suficiente antelación?
○ Sí. Todas las cosas de turrones, peladillas, cascajo y polvorones ... ya lo tengo hecho.
– ¿Haces, además de estas compras, algunas más especiales de este tiempo?
○ Sí. En casa se conserva la tradición de Reyes y naturalmente busco regalos para toda la familia ..., para algunos amigos ..., los hijos ..., mi madre ..., para toda la gente que tengo más cerca.
– ¿Qué prefieres: el «Belén» o el árbol?
○ Normalmente ponemos las dos cosas, pero con más atención hacia el «Belén».
– ¿Adornas la casa?
○ Sí, siempre.

Hörverstehensübung:

	C	F
1 Marisa no hace compras especiales para Navidad.		×
2 Marisa sólo compra los regalos para la familia.		×
3 Solamente pone el «Belén» en su casa.		×
4 Prefiere el «Belén».	×	
5 No le gusta el árbol de Navidad.		×

32 Primeros auxilios

1 Un poco de vocabulario

1 carretera – calle – camino – autopista – **automovilista**
2 maletero – guantera – **gasolinera** – matrícula – volante
3 agua – **naranja** – cerveza – limonada – café
4 Suiza – **Argentina** – Reino Unido – Francia – Portugal
5 río – lluvia – lago – **barco** – ría

2 Un choque – Ein Zusammenstoß

Lösungsvorschlag:

1 Una automovilista choca contra un árbol.
2 (Tiene suerte) porque lleva abrochado el cinturón de seguridad.
3 (El taxista) frena para ayudarla.
4 Está muy pálida.
5 (El taxista) la quiere llevar al puesto de socorro.
6 Quiere avisar a la policía.
7 No, es mejor no dejar nada.

3 Diálogos breves – Kurze Dialoge

1 – Por favor, ¿hay una farmacia por aquí cerca?
○ Sí, al otro lado de la calle. ¿La ve?
– Ah, sí, gracias.
2 – Por favor, ¿hay un supermercado por aquí cerca?
○ Sí, a la derecha del estanco. ¿Lo ve?
– Ah, sí, gracias.
3 – Por favor, ¿hay un banco por aquí cerca?
○ Sí, allí enfrente. ¿Lo ve?
– Ah, sí, gracias.
4 – Por favor, ¿hay una cafetería por aquí cerca?
○ Sí, en la esquina. ¿La ve?
– Ah, sí, gracias.
5 – Por favor, ¿hay un quiosco por aquí cerca?
○ Sí, al lado de la cafetería. ¿Lo ve?
– Ah, sí, gracias.

4 En el puesto de la Cruz Roja

Lösungsvorschlag:

Enfermera: – Su nombre, apellido y dirección, por favor.
Automovilista: ○ Petra Grau. Estoy en el hotel «Andalucía», en la calle García Lorca, en Motril. Soy alemana.
Enfermera: – ¿Qué le pasa?
Automovilista: ○ Me duele la pierna/la rodilla/el brazo/la cabeza.
Enfermera: – ¿Qué le ha pasado? A ver la herida ...
Automovilista: ○ He perdido el control del coche y he chocado contra un árbol.
Enfermera: – Está usted muy pálida. ¿Le duele algo más?
Automovilista: ○ No, no.
Enfermera: – Ha tenido mucha suerte. Tome esto.
Automovilista: ○ Adiós, muchas gracias.

6 Más diálogos

1 – ¿Dónde puedo dejar el coche? ¿Lo dejo aquí?
○ Sí, puede dejarlo aquí si quiere.
2 – ¿Dónde puedo dejar las maletas? ¿Las dejo aquí?
○ Sí, puede dejarlas aquí si quiere.
3 – ¿Dónde puedo dejar la bicicleta? ¿La dejo aquí?
○ Sí, puede dejarla aquí si quiere.
4 – ¿Dónde puedo dejar los papeles? ¿Los dejo aquí?
○ Sí, puede dejarlos aquí si quiere.
5 – ¿Dónde puedo dejar el periódico? ¿Lo dejo aquí?
○ Sí, puede dejarlo aquí si quiere.
6 – ¿Dónde puedo dejar las llaves? ¿Las dejo aquí?
○ Sí, puede dejarlas aquí si quiere.
7 – ¿Dónde puedo dejar las postales? ¿Las dejo aquí?
○ Sí, puede dejarlas aquí si quiere.

7 ¿Qué pasó?

Lösungsvorschlag:

1 Un coche chocó contra un árbol.
2 Llegó un taxi(sta), frenó en seco y paró.
3 La automovilista y el taxista salieron de los coches.
4 El taxista habló con la señora.
5 (La señora) se fue en el taxi.
6 Su/El coche se quedó allí.
7 Después llegaron la policía y una grúa.

33 Más vale prevenir que curar

1 Almuerzo con ...

1 Almuerzo casi siempre con **mi** familia.
2 ¿Qué haces en **tu** tiempo libre?
3 Miguel regala las botas a **su** hermano.
4 Julián volvió a casa y **sus** hermanos prepararon una buena merluza.
5 Laura regaló el jersey a **su** hermana.
6 ¿Qué hace usted en **su** tiempo libre?
7 La familia francesa está en **nuestro** cámping.
8 ¡A ver si escribís! Un fuerte abrazo de **vuestro** sobrino.
9 Beatriz y Miguel no realizaron **su** viaje a Suiza.

2 Una carta de Beatriz

Lösungsvorschlag:

Granada, 28 de agosto de 1990
Querida Paula:
El lunes pasado Miguel y yo decidimos ir a Suiza. Compramos los billetes, recogimos las divisas ..., dos mil francos suizos. Puse el dinero en una bolsa de plástico y la escondí en el horno.
Llegó un amigo con una botella de Rioja y unas empanadas para celebrar la despedida.
Miguel encendió el horno para calentar las empanadas. Se calentó, se calentó y empezó a salir humo. Corrimos a la cocina y abrimos el horno.
Vimos nuestras ilusiones convertidas en humo.
Y tú ¿cómo estás?
A ver si me escribes.
Muchos besos de Beatriz

3 El pasaporte de Beatriz

1 – ¿Dónde puso Beatriz el pasaporte?
o No sé. Creo que lo puso en el horno.
2 – ¿Dónde pusiste las tarjetas de crédito?
o No sé. Creo que las puse en el bolso de viaje.
3 – ¿Dónde pusieron Lola y Carmen las divisas?
o No sé. Creo que las pusieron en la bolsa.
4 – ¿Dónde pusieron los chicos los billetes?
o No sé. Creo que los pusieron en el armario.
5 – ¿Dónde pusisteis el dinero?
o No sé. Creo que lo pusimos en la nevera.

4 Beatriz y su marido

Lösungsvorschlag:

1 Beatriz y su marido compraron sus billetes de avión el martes.
2 El sábado llegó su amigo.
3 Trajo tres pizzas y una botella de vino para celebrar la despedida.
4 Miguel puso las pizzas en el horno, pero no (le) dijo nada a su mujer.
5 ¿Qué pasó?
Se quemaron los billetes.

6 ¡Visite Andalucía! – Besuchen Sie Andalusien!

1	visitar	→	la visita
2	continuar	→	la continuación
3	dirigirse	→	la dirección
4	alojarse	→	el alojamiento
5	llegar	→	la llegada
6	trasladarse	→	el traslado
7	comer	→	la comida
8	salir	→	la salida
9	almorzar	→	el almuerzo
10	desayunar	→	el desayuno
11	cenar	→	la cena
12	bailar	→	el baile
13	volver	→	la vuelta

7 Cuente su viaje a un amigo

Lösungsvorschlag:

Salimos/Salí de Madrid a las 7 de la tarde en avión.
Llegamos/Llegué a Málaga y fuimos/fui a un hotel de cuatro estrellas.
El domingo salimos/salí en autocar a las 8.00 con destino a Jerez de la Frontera.
Visitamos/Visité una auténtica bodega de vinos de Jerez. Almorzamos/Almorcé allí y después salimos/salí hacia Sevilla.
En Sevilla cenamos/cené y dormimos/dormí en el hotel América.
El lunes por la mañana visitamos/visité la ciudad: la Catedral, la Giralda, el Barrio de Santa Cruz. Tuvimos/Tuve la tarde libre.
El martes salimos/salí hacia Córdoba y llegamos/llegué allí a las doce. También allí visitamos/visité la ciudad: el barrio antiguo y la Mezquita. Dormimos/Dormí en el hotel «El Gran Capitán».
El miércoles continuamos/continué hasta Granada. Visitamos/visité el palacio de la Alhambra y los Jardines del Generalife y dormimos/dormí en el hotel Meliá.
El jueves por la mañana no hicimos/hice nada especial. A las tres de la tarde salimos/salí con dirección a Málaga. Por la noche hicimos/hice una excursión a Torremolinos y fuimos/fui a «La Malagueña», una famosa sala de fiestas con excelentes artistas de baile flamenco. El viernes a las nueve de la mañana salimos/salí hacia el aeropuerto para volver a Madrid.

8 Un viaje a Andalucía

Lösungsvorschlag:

– Voy a hacer un viaje a Andalucía con «Viajes Ándalus».
o ¿De verdad? ¿Es un viaje organizado?
– Sí, sí. Primero vamos en avión de Frankfurt a Madrid y de Madrid a Málaga. Desde allí vamos a viajar por Andalucía en un autocar moderno.
o Yo ya he estado en Granada. Es una ciudad muy interesante. ¿Qué otras ciudades vais a visitar?
– Vamos a visitar también Córdoba y Sevilla. ¿Conoces la Mezquita de Córdoba?
o No, no he estado nunca en Córdoba. Sólo estuve en Granada. ¿Cuánto tiempo te vas a quedar en Andalucía?
– Quince días.
o ¿Cuándo sale el avión?
– El 28 de agosto. ¿No quieres venir tú también?
o Desde luego, pero tengo mucho trabajo.

12 Eso sí me gusta

Hörverstehenstext:
– ¿Eres casada o soltera?
○ Casada.
– ¿Tienes mucha familia?
○ Mucha. Somos una familia supernumerosa.
– ¿Tienes que dedicar muchas horas al cuidado de la familia?
○ Muchas.
– ¿Pasas por lo tanto muchas horas en casa?
○ Sí, pero también me gusta mucho salir.
– Entre tus actividades de la casa, ¿cuál es la que prefieres?
○ Pues ... ninguna me gusta demasiado. Pero las tengo que hacer.
– ¿Cocinas para todos?
○ Sí, eso sí. Y eso sí me gusta.
– Cuando te deja tu actividad de la casa ¿a qué te dedicas?
○ Me encanta leer ... y aprovecho muchos ratos libres. Pero también me gusta ver museos, exposiciones, me gusta mucho el teatro ... Hay muchas cosas que me gustan.
– Los domingos y los sábados, ¿qué haces?
○ Ese día procuro estar más tiempo en casa porque hay demasiado jaleo por la calle. Y prefiero quedarme en casa.
– ¿Tu relación con los hijos es buena?
○ Estupenda.
– Eh ... En vacaciones, ¿qué sueles hacer?
○ Pues nos vamos al campo toda la familia ... Y por lo menos una parte de las vaciones la pasamos en la montaña, en plan de cámping, en tienda de campaña y todo lo que esto lleva consigo.
– ¿Sueñas que estás sola?
○ Es algo tan irreal que me cuesta trabajo soñarlo.

Hörverstehensübung:
Lösungsvorschlag:
1 No, es/está casada.
2 Le gusta cocinar.
3 Cuando tiene tiempo va a museos, exposiciones y al teatro.
4 No, porque los fines de semana hay demasiado jaleo en las calles y prefiere quedarse en casa.
5 Según Conchi son estupendas.
6 No, pasan las vacaciones en plan de cámping en la montaña.
7 En una familia numerosa el sueño de estar sola es irreal ...

34 En el número 85

2 Los diez mejores

1 primero
2 segundo
3 tercero
4 cuarto
5 quinto
6 sexto
7 séptimo
8 octavo
9 noveno
10 décimo

3 Digo

hago → ich mache
oigo → ich höre
pongo → ich setze/lege/stelle
salgo → ich gehe hinaus/steige aus
tengo → ich habe
traigo → ich bringe
vengo → ich komme

4 Frases de todos los días

1 Para ir al trabajo yo **salgo** hacia las siete y media de casa.
2 En esta sala **caben** más de doscientas personas.
3 Si quieres, te **doy** la llave del coche.
4 **Vamos** juntos a la exposición, si te parece bien.
5 Yo **pongo** la mesa y tú preparas la cena, ¿vale?
6 ¿Ya has **escrito** una postal a los colegas?
7 ¿**Sabe** usted muchos idiomas? Bueno, **sé** el alemán y el italiano.
8 En este barrio no se **encuentra** un solo sitio libre para aparcar.
9 ¿Todavía no **dormís**, hijos? Ya es tardísimo.
10 Estoy cansadísimo. Hoy me **acuesto** antes de las diez, seguro.
11 **Vengo** directamente desde la oficina, por eso **estoy** tan cansada.
12 ¿**Se puede** ver la playa desde vuestra habitación?
13 ¿Qué **decís** de nuestro piso? ¿Os gusta?

5 ¿Ha venido alguien?

1 – ¿Ha venido **alguien**?
○ No, hasta ahora no ha venido **nadie**.
2 **Algunos** españoles saben tocar la guitarra, muchos **otros** no.
3 No me gusta este cuadro **ni** regalado.
4 No he visto **nunca** tanta gente como en la ciudad de México.
5 – ¿Queréis tomar **algo**?
○ No, gracias, no queremos **nada**. Acabamos de almorzar.
6 Algunas canciones de Joaquín Díaz me gustan mucho, **otras** no tanto.
7 – ¿Hay **alguien** en casa a estas horas?
○ No, por la tarde no hay **nadie.**
8 – ¿Hay **algo** para comer en la nevera?
○ No, lo siento, ahora no hay **nada**.

6 Soledad sale con sus amigos

1 Soledad sale todo los sábados con sus amigos.
2 Pero no van nunca al teatro.
3 Casi siempre van al cine o a la discoteca.
4 A veces organizan también una fiesta en casa.
5 Hoy hay una fiesta en casa de Soledad.
6 Soledad prepara unos bocadillos en la cocina.
7 Todavía no ha llegado nadie.
8 A las nueve de la noche llega María.
9 – ¡Hola, María! ¡Entra!
10 ○ Hola, Sole. Mira, he traído alguno de mis discos.
11 – ¡Qué bien! Ha llamado Ana Mari. Viene en seguida. Trae también algunos discos.

7 Crucigrama (siehe rechte Spalte)

9 Siete errores – Sieben Fehler

1 Encima de la mesa hay solamente dos libros.
2 La revista no es «Cambio 16», es «Hola».
3 La botella no está a la derecha, está a la izquierda.
4 Debajo de la mesa hay sólo un zapato.
5 Encima de la librería hay tres fotografías.
6 No son las seis, son las cinco.
7 La lámpara está a la izquierda del sofá.

7 Crucigrama

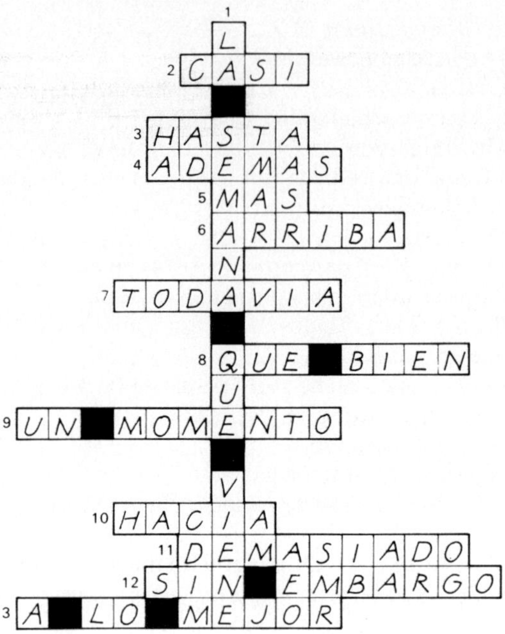

35 Hogar, dulce hogar

2 ¿Desde dónde llamas?

Hörverstehentext:
– Dígame.
○ Hola, Isabel. Soy Rafa.
– ¿Desde dónde llamas?
○ Estoy en la estación. El tren no ha llegado todavía.
– ¿Va a tardar mucho?
○ Han dicho que va a llegar a las diez.
– ¡Qué mala suerte! ¿Qué vas a hacer?
○ Voy a tener que quedarme aquí. ¿Ha llegado Javi?
– Sí. Están aquí también Fernando y su novia.
○ Estupendo. Bueno, basta luego.
– Te esperamos. Besos.

Hörverstehensübung:
1 Javier llama a Isabel.
2 (Llama) desde la estación.
3 Porque el tren no ha llegado todavía.
4 Va a tener que quedarse en la estación.
5 No, está con Javi, Fernando y su novia.

3 ¿Dónde está mi cámara fotográfica?

1 – ¿Dónde están los platos? No los veo.
  ○ Los he puesto en el armario.
2 – ¿Dónde están las tazas? No las veo.
  ○ Las he puesto en la cocina.
3 – ¿Dónde está mi cámara fotográfica? No la veo.
  ○ La he puesto encima de la mesa.
4 – ¿Dónde está la radio pequeña? No la veo.
  ○ La he puesto en el cuarto de estar.
5 – ¿Dónde está el libro de Neruda? No lo veo.
  ○ Lo he puesto en el cuarto de baño.
6 – ¿Dónde está el cuadro de Dalí? No lo veo.
  ○ Lo he puesto en el dormitorio.

6 ¿Qué dices?

– ¿Dónde está la silla roja?
○ ¿Cómo dices?
– La silla roja ... ¿La has puesto en la cocina?
○ No, la he puesto en el vestíbulo.
– ¿Puedes ponerla en la cocina? Vamos a comer allí.
○ Ahora tengo que irme. Vuelvo a eso de las seis. Entonces traigo la comida.
– ¿Cómo dices? No entiendo nada.
○ Digo que vuelvo a las seis y que entonces traigo la comida.
– No, hoy la compro yo.
○ De acuerdo. Adiós, hasta pronto.

8 Tortilla de patatas

1 Pele(n) las patatas y la cebolla.
2 Corte(n) las patatas y la cebolla en rodajas finas.
3 Fría(n) las patatas a fuego lento con un poco de aceite. Eche(n) sal y pimienta.
4 Añada(n) los huevos batidos. Fría(n) la tortilla por un lado.
5 De(n) la vuelta a la tortilla con la ayuda de un plato.
  Fría(n) el otro lado. ¡Qué aproveche!

10 ¡Tenga!

3 a) ¡Diga la verdad!
  b) ¡Hágame/Haga el favor!
  c) ¡Ponga la mesa!
  d) ¡Oiga!
  e) ¡(Tenga) un momento!
  f) ¡Venga a visitarme/verme (pronto)!

11 Baje la cabeza

– Baje la cabeza.
– Tome ....
– Toque................
– Doble ....
– Corra................
– Pare ....
– Levante.............
– ....

12 Una mujer española – Entrevista

Hörverstehentext:

– Se dice que en los últimos años la vida de la mujer española ha cambiado bastante. ¿Tú crees que es cierto, Ana?
○ Sí, por supuesto que sí. En un gran porcentaje ha cambiado.
– ¿En qué concretamente? ¿Quizá en el trabajo en casa, o fuera de casa? ¿Quizá también en la ... en el estilo de vida con la familia?
○ Sí. Yo creo que, desde que la mujer se ha incorporado al mundo laboral, ha cambiado totalmente. Eh ... Sus trabajos los tiene que distribuir de otra manera y la relación con la familia ... pues en gran parte también ha cambiado.
– ¿Tú trabajas solamente en casa o trabajas también fuera de casa?
○ No. Tengo organizado el trabajo en función de distribuirlo de alguna manera que me permita luego colaborar con mi marido en su trabajo. Que además me gusta.
– Te ocupas entonces de la casa y colaboras también con tu marido. Eh ... ¿Puedes decirme, Ana, más o menos, ¿cómo comienza tu día?
○ Pues mira. A partir de las siete y media de la mañana ... es mi marido el primero que se levanta. A continuación yo ... Y tengo dos hijas en casa ... Y entonces, depende de su horario. Una ya trabaja. Y entra más bien tarde, a las diez de la mañana. Pero la otra, pues también a las ocho de la mañana ya se levanta y empieza a funcionar la casa.
– Y se marchan todos de casa, o casi todos. ¿Tú también? ¿O te quedas un rato en casa para arreglar?
○ Sí, yo me quedo en casa. Eh ..., contando con que las dos hijas, antes de marcharse, arreglan al menos pues alguna parte de la casa, sobre todo su habitación. Yo tengo

distribuida ... distribuido el trabajo de la casa ... pues en función de hacer ciertas zonas unos días, otros días otras ... Y ... hacia las once y media o las doce de la mañana, ya tengo tiempo libre para poder bajar a trabajar.

– ¿Colaboran los miembros de la familia, tus hijas, tu marido, en la casa? ¿O no?
○ Mis hijas, sí. Mi maridò, no.
– Tú marido no. ¿Por qué? ¿Trabaja mucho o ... por qué? Es un poco ...
○ Bueno, porque es ...
– ... de los de antes.
○ Sí, indudablemente es de los de antes. Entonces, intento hacer esfuerzos grandísimos por incorporarle a ... al ... no sé, a que colabore un poquito. Pero la verdad es que se resiste.
– Y por la tarde, cuando tu marido vuelve y tú vuelves del trabajo, ¿cómo suele acabar el día en tu casa?
○ Pues ... tranquilo. Porque, en realidad, volvemos ya bastante cansados. Eh ... las dos hijas, debido a sus horarios, una viene antes, otra después, pero solemos hacer la cena juntos.
– ¿A qué hora?
○ Pues alrededor de las diez.
– A las diez de la noche ...
○ Sí.
– Tarde. Quiere decir que vais a la cama, ¿a qué hora?
○ Sobre las doce.
– Sobre las doce. Para volver a empezar a las siete y media ...
○ A las siete y media de la mañana, sí.
– Gracias, Ana.

Hörverstehensübung:

	Sí	No
1 La vida de la mujer española sólo ha cambiado fuera de casa.		×
2 Ana trabaja solamente como ama de casa.		×
3 Ana se levanta después de las 7.30.	×	
4 Tiene una hija.		×
5 El marido la ayuda mucho en casa.		×
6 Las hijas no hacen prácticamente nada en casa.		×
7 En su casa se cena hacia las 8 de la noche.		×
8 La familia se acuesta más o menos a medianoche.	×	

36 Un campesino – De vacaciones

1 Juan Casares

Lösungsvorschlag:
Me llamo Juan Casares. Estoy/Soy soltero. Vivo con mi madre en un pueblecito de la provincia de Málaga. Tenemos una pequeña finca con cerdos, gallinas y vacas. Todos los días, por la mañana, doy de comer a los animales y ordeño las vacas.
Mi madre y yo nos tenemos que levantar a las cinco de la mañana. Mientras ella se ocupa de los quehaceres domésticos, yo me cuido de los animales. Luego me ducho.

2 ¿Le dejas 1000 pesetas?

1 – Juan tiene que ir a la peluquería. ¿Le dejas mil pesetas?
○ Sólo le puedo dejar quinientas.○
– Está bien.

2 – (Yo) tengo que recoger los pasaportes. ¿Me dejas quinientas pesetas?
○ Sólo te puedo dejar cien.
– Está bien.

3 – Pablo y yo tenemos que pagar en la tintorería. ¿Nos dejas dos mil quinientas pesetas?
○ Sólo os puedo dejar mil.
– Está bien.

4 – Las niñas tienen que comprar una maleta. ¿Les dejas cuatro mil pesetas?
○ Sólo les puedo dejar dos mil.
– Está bien.

5 – Mamá tiene que aparcar el coche. ¿Le dejas doscientas pesetas?
○ Sólo le puedo dejar ciento cincuenta.
– Está bien.

3 ¿Qué va a hacer Juan hoy?

Lösungsvorschlag:
Después de desayunar Juan va a bajar con el camión a Málaga. Va a ir al dentista y a cortarse el pelo. Además va a llevar una cesta de tomates al tío y una cesta de higos a los niños. Y, si tiene tiempo, me va a hacer un par de recados.

4 Un día completo

Hörverstehenstext:

– Oye, Julia, ¿tú vives sola?
○ No, vivo con mis padres y mis hermanos.
– ¿Cuántos años tienes?
○ Veintiséis.
– ¿Y sois de familia numerosa?
○ Sí. Somos siete hermanos. Lo que pasa que tres están fuera ya.
– Eh ... ¿Cómo comienza tu día?
○ Bueno, me levanto hacia las 8 de la mañana. Después desayuno, me arreglo y marcho al colegio a dar clases.
– Eh... Y el desayuno, ¿lo preparas tú o ya está preparado o... cómo es?
○ No. Como tenemos horarios diferentes, cada uno se prepara su desayuno.
– ¿Y qué te preparas tú por tu cuenta?
○ Normalmente yo me preparo un café con leche y tostadas. O, si hay algún bollo ya preparado, pues aprovecho y no tengo que hacer nada.
– ¿Y después ...? ¿Tú tienes una habitación para ti sola?
○ Sí, sí.
– ¿Y quién la limpia? ¿Quién la arregla? ¿Lo haces tú o te ayuda tu mamá o... ?
○ No. La habitación es mía y la limpio yo.
– Sagrada.
○ Sagrada. Salvo cuando el desorden es mucho, y entonces entra mi madre.
– ¿Entra tu madre ...? Sí. ¡Ay! Sí ... Y la comida y la cena, ¿coméis todos juntos o cada uno por su lado... ?
○ Procuramos comer todos juntos. Y la comida la hace mi madre.
– ¿Y después?
○ Pero la cena, como los horarios vuelven a ser otra vez incompatibles, pues cada uno cena ya más o menos por su cuenta. Y la preparación es .... Por la noche cada uno se hace lo que le apetece, más o menos. Y los fines de semana, pues ya ... entramos a colaborar los demás hijos, ayudar a hacer alguna comida, alguna cena ....
– ¿Te gusta preparar algo en especial?
○ No mucho. Me gusta más hacer postres que comida-comida.
– Ah, ya. Pero tienes buen tipo ... Tú no pareces ... Y los trabajos así en casa ... los hace todos tu madre.
○ No, estamos bastantes repartidos. Cada hijo tiene una habitación, aparte de la suya, que tiene que ... que hacer. A mí me toca hacer los cuartos de baño y la cocina después de comer. A mis hermanos les toca el cuarto de estar, el comedor ... Estamos bastante repartidos.

Hörverstehensübung:

1 (Julia) tiene veintiséis años.
2 Con ella viven los padres y tres hermanos.
3 (Se suele levantar) hacia las ocho de la mañana.
4 No, porque tienen horarios diferentes.
5 Su madre prepara la comida.
6 Le gusta preparar postres.
7 No, Julia tiene muy buen tipo.
8 Ella limpia su habitación, los cuartos de baño y la cocina.

5 La familia

«Me llamo Lola Guzmán. Tengo once años. Mi **hermano** se llama Esteban. Vicente Guzmán es mi **padre**. Mis **abuelos** se llaman Alfonso y Dolores. Pablo es mi **tío**. Tengo cuatro **primos**. Se llaman Pilar, Trini, Jaime y Pedro.»
«Soy Vicente Guzmán. Mi **mujer** se llama Laura. Mi **hija** Lola tiene once años y Esteban, mi **hijo,** tiene trece. Dolores y Alfonso son mis **padres**. Tengo solamente una **hermana**, Mari Carmen. Ella tiene cuatro **hijos**. Mis **sobrinos** se llaman Pilar, Trini, Jaime y Pedro.»

7 llegar → la llegada – el beso → besar

1

a)	asistir	el/la asistente
b)	salir	salida
c)	preguntar	pregunta
d)	trabajar	trabajo
e)	ducharse	ducha
f)	adivinar	adivinanza
g)	abrazar	abrazo
h)	cenar	cena
i)	comer	comida
j)	vivir	vivienda
k)	llamar	llamada
l)	beber	bebida
m)	inscribir	la inscripción

2

a)	el aviso	avisar
b)	la lluvia	llover
c)	el almuerzo	almorzar
d)	el desayuno	desayunar
e)	la emigración	emigrar
f)	el calzado	calzar
g)	la cuenta	contar
h)	el descanso	descansar
i)	el encuentro	encontrar
j)	la firma	firmar
k)	la exportación	exportar
l)	la interrupción	interrumpir

8 Traducción – Übersetzung

1 ¿Me puede hacer/Puede hacerme un recado?
2 El autobús tiene que llegar enseguida/no puede tardar.
3 ¿Desde cuándo vive usted en Alemania?
4 Mi marido se ocupa también de los quehaceres domésticos después del trabajo.
5 ¿Venís (ya) de una vez?
6 Nos gustaría tener una casita/pequeña casa en el campo.
7 ¿Me trae usted algo de la farmacia?

9 Vocabulario sencillo

padre	madre
viudo	viuda
tío	**tía**
dentista	dentista
automovilista	automovilista
habitante	**habitante**
cliente	**clienta**
gallo	gallina
cantante	**cantante**
enfermero	enfermera
abuelito	abuelita

37 A la peluquería ... – ... y en casa de nuevo

1 Una conversación con el tío de Juan – Ein Gespräch mit Juans Onkel

1 ¿Cómo se llama (usted)?
2 ¿Dónde trabaja (usted)?
3 ¿Dónde trabajaba antes?
4 ¿No es usted el (señor) que tenía la carpintería delante de la Alcazaba?
5 ¿Qué hacía allí?
6 ¿No ganaba usted mucho?
7 ¿Por qué vendió la carpintería?

2 Usted pregunta

Lösungsvorschlag:

1 – ¿Se queda usted hasta le domingo?
○ Sí, exacto.
2 – ¿Qué habéis hecho hoy?
○ Nada especial.
3 – Hoy hay sopa y tortilla de patatas para la cena.
○ ¡Qué rico!
4 – ¿Vamos al cine?
○ ¡Buena idea!
5 – ¡No tengo cambio!
○ No importa.
6– ¿De acuerdo?
○ Vale.
7 – ¡Qué horror!
○ Hay gustos para todo.
8 – Hay que esperar mucho.
○ ¡Pero si no hay gente!
9 – No puedo ir al cumpleaños de José.
○ ¡Qué pena!
10 – ¿Cuánto tiempo hace que vives aquí?
○ Llevo más de un año aquí.
11 – ¿Dónde está Correos?
○ Allí enfrente.
12 – Es muy bonito.
○ ¿De verdad?
13 – En marzo voy a Perú.
○ ¡Qué envidia!
14 – ¡Camarero!
○ En seguida va.
15 – ¿Dices la verdad?
○ Por supuesto.
16 – ¿Vamos a la discoteca?
○ ¡Estupendo!
17 – ¡Oiga! ¡Camarero, por favor!
○ Diga, señora.
18 – Dicen que ya no hay entradas.
○ Otra vez será.
19 – ¿Puedo entrar?
○ ¡Adelante!
20 – ¿Me ayudas?
○ ¡Cómo no!
21 – ¿Te gusta Sevilla?
○ Me encanta.

22 – No conviene dejar el bolso en el maletero.
 ○ No se sabe nunca.
23 – Encantada.
 ○ Mucho gusto.

3 Antes de ir al centro

Lösungsvorschlag:
Voy al centro para hacer algunas compras y a las cuatro de la tarde tengo que ir al dentista.

Martin

5 Los cerdos de Esteban

1

Esteban daba cien pesetas a los cerdos porque, si no, tenía que pagar siempre una multa.

2

Es tut mir sehr leid, aber das Futter, das Sie Ihren Tieren geben, kann nicht geduldet werden. Sie werden (eine Geldbuße von) 5000 Peseten Strafe zahlen müssen.

Esteban blieb keine Zeit zu antworten. Er hielt einen Strafzettel über 10.000 Peseten in der Hand, weil er so unmenschlich war.

Sehen Sie, Herr Inspektor, sagte Esteban, es ist ganz einfach. Damit ich keinen Ärger habe, gebe ich jedem 100 Peseten und sie kaufen sich, was sie wollen.

6 Las vacaciones de Daniel y de María Dolores

Lösungsvorschlag:
Un amigo me dejaba su bicicleta y yo iba a la playa a pescar. La playa estaba a unos seis kilómetros del pueblo. Iba por las mañanas y regresaba por la tarde. Mi madre me preparaba unos bocadillos y yo me quedaba todo el día en la playa. Pescaba, sobre todo sardinas, que es lo que había allí. Algunos días entre tres y cuatro kilos.
Un amigo de mi padre me compraba lo que yo pescaba. No me pagaba mucho, pero con el dinero me podía pagar la guitarra eléctrica nueva.

Daniel

... Nos levantábamos muy temprano y nos acostábamos también bastante temprano. Un par de veces a la semana hacíamos excursiones a diferentes pueblos. A veces nos llevábamos la comida, otras veces íbamos a comer a un restaurante. Comíamos en un restaurante un poco caro, pero la comida era mucho mejor. Cuando no hacíamos excursiones, si hacía buen tiempo, íbamos a la playa y nos bañábamos.

María Dolores

7 ¿Ya quieren comer?

Hörverstehenstext:
– Oye, Uli, ¿entramos aquí?
○ No sé. Hay ... Hay varios ... Más abajo tienes varios «restorán» pero yo creo que aquí ... En fin, tienen más solera y deberán atendernos en condiciones.
– Sí. Tiene buena pinta. Yo tengo hambre. Vamos.
○ Vamos. Vamos a pasar por aquí, a ver qué tal, que yo espero que quedemos bien.
△ Señores, bienvenidos.
○ Buenos días.
– Hola, buenos días.
△ Buenos días. Eh ... ¿Ya quieren ... comer?
– ¿Es buena hora ya?
△ Es algo temprano, pero vamos ..., si quieren .... No, yo les sirvo con mucho gusto.
○ Si se puede, pues ... pues vamos ... vamos a empezar.
△ Pues sí. ¿Qué les apetece comer? ¿Ustedes han visto ...?
○ Eh ... ¿En esta mesa aquí mismo o ...?
△ Aquí mismo, aquí. Mire, aquí en esta redondita. Como son ... ¿Son dos nada más?
– Sí, sí.
△ Bueno, pues en esta mesita están bien, si les parece a ustedes ...
○ ¿Qué te parece?
– Sí, muy bien. Sí, sí.
△ Bueno, pues yo ...
○ ¿Qué hay ...?
△ ¿Ustedes han visto ... eh ... en el escaparate el cubierto que tenemos anunciado?
○ Bueno, pues no nos hemos ... no nos hemos fijado del todo porque estábamos ... Como ya teníamos apetito y llegaba la hora, el caso ..., la verdad es que hemos entrado un poco directamente, pero vamos ... Usted nos dice así un poco por encima ... Algo, algo normalito ... ¿eh?, que no sea demasiado especial.

△ Bueno, pues mire ..., si quieren, tienen ... Mire, tienen ... El cubierto ya sabe que son ... Pueden elegir de tres platos que tienen de primero, y luego tienen ... , pueden elegir del segundo. Pueden tomar ... de primero tienen unas judías verdes y ... también una sopa de pescado ...
– Ah, sí, yo tomo una sopa de pescado.
○ No, yo ... yo , judías verdes, que el estómago hoy está un poco cargado de ... de salir de mis ... de mis entornos.
△ Bueno, se puede usted tomar, si quiere un caldito que lleva unas verduritas y eso ...
○ No, no, no. Yo ... yo voy bien con las judías verdes, que me van ... me van bastante bien.
– Y para mí, la sopa de pescado.
△ Bueno, pues nada. Le tomo ... Judías verdes para el señor ... Y judías verdes ...
– No, no, sopa de pescado.
△ Sopa de pescado para la señora.
– Sí, eso.
△ Muy bien. Y después, pueden tomar ustedes una ternera asada. ¿Quieren una ternera asada? Usted que dice que está del estómago un poquito delicado ...
○ Sí, sí, pero que no tenga demasiada salsa, ¿eh? Un poquito ...
△ Bueno, pues le puedo hacer ... le puedo hacer una ternerita asada ...
– Sí.
△ ... simplemente con la guarnición que tiene de verdura.
○ Sí, sí, que no tenga mucha salsa.
△ Y usted de segundo, ¿que quiere?
– ¿Y algo a la plancha tiene?
△ ¿Quiere, quiere ... ? ¿Pollo le gustaría? ¿Pollo asado?
– Bueno, ¿o al ajillo tiene?
△ Sí, le podemos hacer al ajillo también.
– Bueno, pollo al ajillo, sí, para mí.
△ Bueno. Pues le ponemos entonces, para usted la ternera asada, y usted, pollito al ajillo.
– Eso sí.
△ ¿De bebida? ¿Quieren ustedes algo de bebida?
○ Sí, si nos recomienda usted un vinillo de esos de la casa ...
△ Tenemos ... El vino de la casa es el vino de Valdepeñas, muy fino, muy rico. Para que lo prueben ustedes que es muy rico.
○ Sí, sí.
△ ¿Un poquito de agua mineral les va? ¿Sin gas o con gas?
○ Bueno, sin gas mejor, pero agua ..., agua no nos dé usted mucha, que ...
– Sin gas, sí.
△ Bueno, pues le hacemos ...
○ Un vino aquí debe estar bien.
△ Bueno, pues le anotamos entonces media botellita de vino de Valdepeñas y media botellita de agua de ..., sin gas, ¿sí? Bueno.
○ Estupendo.
– Muy bien.
△ Bueno, ya luego, por favor, me dirán el postre que quieren.
○ Muy bien, gracias.

Hörverstehensübung:

1 (Entran) hacia las doce.
2 Son dos personas.
3 El cubierto tiene tres platos.
4 (La señora) toma sopa de pescado.
5 No, la señora toma pollo al ajillo y el señor ternera asada.

8 Mandandirun dirundán

Buenos días, su Señoría.
Mandandirun dirundán.

¿Qué **quería** su Señoría?
Mandandirun dirundán.

Yo quería una de sus **hijas**.
Mandandirun dirundán.

¿A cuál de ellas **quiere** usted?
Mandandirun dirundán.

Yo quería a la María.
Mandandirun dirundán.

¿Y **qué** oficio le pondría?
Mandandirun dirundán.

Le pondría lavaplatos.
Mandandirun dirundán.

Ese oficio **no le gusta**.
Mandandirun dirundán.

Le pondría costurera.
Mandandirun dirundán.

Ese **oficio** no le gusta.
Mandandirun dirundán

Le pondría «botón de oro».
Mandandirun dirundán

Ese oficio **sí le gusta**.
Mandandirun dirundán.

¡Celebremos **la fiesta** todos,
que la reina **se casó**!

38 ¿Un buen negocio? – Un regalo de boda

1 Expresiones – Redewendungen

1 ¿En qué puedo servirle?
2 ¿Cuánto cuesta?
3 Es precioso.
4 Haga el favor de ...
5 No faltaba más.
6 ¡Qué mala suerte!
7 Muy contento.

2 El jefe se lo cuenta a su novia

Esa misma noche el jefe le cuenta a su novia:

«Esta mañana me han **traído** dos paquetes, muy bien envueltos, de uno de mis empleados.
Claro, he **abierto** los paquetes enseguida.
¿Y qué he **visto**? ¡Un plato en dos trozos!
¡Qué tomadura de pelo!
En la tienda han **puesto** los dos trozos en dos paquetes distintos.
¿Y sabes qué ha **dicho** el tipo? ¡Que lo han **roto** por el camino!»

3 Más expresiones

1

a) hoy mismo	→	noch heute
b) en esta misma calle	→	hier in dieser Straße
c) yo mismo	→	ich selbst
d) hoy día	→	heutzutage
e) al día siguiente	→	am nächsten Tag
f) ahora mismo	→	sofort/gleich

2
Lösungsvorschlag:
a) Hoy mismo salimos para Francia.
b) En esta misma calle vive mi novio.
c) Yo mismo lo he visto.
d) Hoy día la televisión es más importante que la radio.
e) Al día siguiente visitaron el Prado.
f) Ahora mismo vamos.

4 Traducción

1 Aquel libro es muy interesante.
2 Aquella postal me gusta.
3 Aquel hotel es demasiado caro para mí.
4 Aquellos sellos allí atrás son de Francia.
5 Aquella agencia de viajes tenía ofertas interesantes.
6 Aquellas chicas son seguramente españolas.

5 Te lo regalo

1 – Te regalo el libro si quieres.
○ ¿De verdad **me lo** regalas?
2 – Le compramos el reloj a Pepe si lo necesita.
○ ¿De verdad **se lo** compráis? Cuesta mucho.
3 – Le enseñamos un poco de español si tiene usted interés.
○ ¡Qué maravilla! ¿De verdad **me lo** enseñan?
4 – Le llevo el frigorífico el jueves si quiere.
○ ¡Qué bien! ¿Usted cree de verdad que **me lo** puede traer?
5 – Oye, ¿me preparas un termo de café para mañana?
○ Ahora no. Mañana temprano **te lo** preparo.

6 Esta mañana ...

1	2
esta escultura	**estos** chicos
estas cámaras	**estas** cámaras
este cartel	**estas** postales
estos autobuses	

3
Heute morgen habe ich mit Paco gesprochen.
Am Montag habe ich eine Verabredung mit ihm.

4
– Este libro ..., ¿cuánto cuesta?
○ Estos libros son muy baratos, sólo (cuestan) quinientas pesetas.

– Esta guía de la ciudad, ¿cuánto cuesta?
○ Estas guías de la ciudad son muy baratas, sólo (cuestan) cuatrocientas setenta y cinco pesetas.
– Este mapa, ¿cuánto cuesta?
○ Estos mapas son muy baratos, sólo (cuestan) trescientas pesetas.
– Estas postales, ¿cuánto cuestan?
○ Estas postales son muy baratas, sólo cuestan veinticinco pesetas.
– Estos bolígrafos, ¿cuánto cuestan?
○ Estos bolígrafos son muy baratos, sólo cuestan ciento setenta y cinco pesetas.

7 En la tienda

Cliente: – ¿Cuánto cuesta **aquella/esa** jarra verde que está allí a la derecha?
Dependiente: ○ Quince mil pesetas, señor.
Cliente: – ¿Y **aquel/ese** plato que está allí al lado?
Dependiente: ○ Doce mil pesetas solamente.
Cliente: – ¿No tiene una jarra un poco más barata?
Dependiente: ○ Sí, **esta** jarra pequeña que tengo aquí cuesta sólo ocho mil pesetas.
Cliente: – Pero es preciosa. ¡Qué colores más bonitos!

8 Isidora y Antonio

1
a) Isidora y Antonio se van a casar.
b) Ella le regala (a él) un reloj.
c) El le regala (a ella) una pulsera.
d) Los amigos les envian un televisor.

2
Ich kann ihm/ihr/Ihnen nur 400 Peseten da lassen/leihen.

9 Una tarde fresquita de mayo

Una tarde fresquita de mayo
tomé mi caballo,
me fui a pasear
por la senda donde mi morena,
graciosa y risueña,
solía pasear.

Yo **la** vi que cortaba una rosa,
yo **la** vi que cortaba un clavel.
Y **le** dije: «Jardinera hermosa,
¿**me** das una rosa, **me** das un clavel?»

Y la niña me dijo al instante:
«Las rosas que quiera
a usted le daré,
si me jura que nunca ha tenido
flores de la mano
de otra mujer.»

«Se lo juro por mi amor
constante,
se lo juro y se lo juraré
que son estas las flores primeras
que tomo de manos
de una mujer.»

39 En el mercado

1 Gambas, mejillones ... – Garnelen, Muscheln ...

1 – Déme un kilo y medio de gambas, por favor.
○ Muy bien. ¿Desea algo más?
– No, gracias, no quiero nada más. ¿Cuánto es?
○ Mil novecientas cinco pesetas.

2 – Déme un kilo de mejillones, por favor.
○ Muy bien. ¿Desea algo más?
– No, gracias, no quiero nada más. ¿Cuánto es?
○ Cuatrocientas cuarenta pesetas.

3 – Déme dos kilos de sardinas, por favor.
○ Muy bien. ¿Desea algo más?
– No, gracias, no quiero nada más. ¿Cuánto es?
○ Quinientas noventa pesetas.

4 – Déme medio kilo de calamares, por favor.
○ Muy bien. ¿Desea algo más?
– No, gracias, no quiero nada más. ¿Cuánto es?
○ Doscientas veinticinco pesetas.

2 Preparando la cena

– ¿Tenemos algún tomate?
○ No, no nos queda ninguno.
– ¿Tenemos alguna cebolla?
○ No, no nos queda ninguna.
– ¿Tenemos algún limón?
○ No, no nos queda ninguno.
– ¿Tenemos alguna botella de Rioja?
○ No, no nos queda ninguna.

3 ¿Cuánto le debo?

Hörverstehenstext:
– ¿Y ustedes?
○ Dos kilos de tomates, por favor.
– Muy bien. ¿Algo más?
○ No, gracias. Bueno, quizás limones. ¿Tú sabes si tenemos limones en casa?
△ No sé ...
○ Pues medio kilo de limones.
△ Quiero un melocotón ...
○ No, no, melocotones nos quedan en casa.
– ¿Quieren algo más?
○ No, así está bien. ¿Cuánto le debo?
– Tenga ... Doscientas veinte pesetas.

Hörverstehensübung
1 (El señor) compra tomates y limones.
2 (Paga) doscientas veinte pesetas.

4 En el mercado

Lösungsvorschlag:
– Hola, buenos días. Un kilo de patatas, por favor.
○ Muy bien. Un kilo de patatas. ¿Desea algo más?
– Sí, medio kilo de uvas, (por favor).
○ Son muy buenas. Son de Almería. ¿No quiere un kilo?
– Bueno, déme un kilo. ¿Tiene usted (también) sandías?
○ No, no me queda ninguna. Pero tengo melones muy buenos.
– (Bien), déme un melón pequeño.
○ ¿Algo más?
– No, nada más. ¿Cuánto es?
○ Son cuatrocientas cincuenta pesetas. Tenga.
– ¡Qué caro está todo!
○ Sí, señora/señor, sí.
– Adiós, (hasta luego).
○ Adiós, adiós. Hasta otro día.

5 Carmen está tomando café

1 Carmen está tomando café.
2 Ana está comiendo un bocadillo.
3 Pedro está escuchando la radio.
4 Adolfo está pescando.
5 Paula está escribiendo una carta.
6 Luisa y Luis están mirando la tele.
7 Pablo está corriendo.
8 Raúl está fumando.
9 Está lloviendo.

6 Palabras y frases

1 ¡Qué bien!
2 Buena idea.
3 ¿De verdad?
4 Muy amable.
5 Por Dios ... /Hombre .../Mujer ...
6 Espera.
7 Haga el favor de...
8 No faltaba más.
9 Que lo pase bien.
10 Igualmente.
11 Creo que ...

7 Comprando en el mercado

Hörverstehenstext
– ¡Hola, Conchi! ¿Qué tal? Buenos días. ¡Cuanto tiempo ... !
○ Muy bien. Buenos días. Sí, hace muchos días que no he venido.
– ¿Cómo por aquí?
○ Pues ... por unas cuantas cosas que me hacen falta.
– Pues estupendo. Usted dirá que le (la) pongo.
○ ¿Qué tiene por ahí?
– Pues tenemos muy buenas judías verdes.
○ Pero un poco caras.
– Sí, han subido un pelín. Es que son de la temporada. Y alcachofas ...
○ Bueno, pues empiece a ponerme: un kilo de judías verdes.
– Un kilo ...
○ ¿A cómo están?
– Pues están a doscientas cincuenta.
○ ¡Qué barbaridad!
– El kilo, claro.
○ Muy caras. Pero bueno ..., un kilo.
– Alcachofas: ¿le pongo otro kilo?
○ Otro kilo, sí. Eso está bien de precio.
– Y las habas también están muy bien.
○ No, habas hoy no quiero.
– ¿Alguna naranja?
○ Sí, unas naranjas ... para zumo y para mesa.
– Ahora están muy bien de precio.
○ Sí, sí, sí.
– ¿Las chirimoyas le van?
○ También. Unas pocas chirimoyas, no muy grandes ...
– Terciaditas.
○ Terciaditas y que estén en su punto.
– ¿Y plátanos?
○ También. Más bien duros.
– Vale. De acuerdo, Conchi. Pues aquí está. Aquí está todo. ¿Le vale así?
○ Está muy bien, muchas gracias.
– ¿Alguna cosita más?
○ No, nada más por hoy.
– Bueno, pues nada. Muchas gracias. Encantada de saludarla.
○ Igualmente. Hasta el próximo día.

▷

Hörverstehensübung:

	C	F
1 Conchi va al puesto de frutas y verduras.	×	
2 Por allí pasa todos los días.		×
3 No compra las judías porque son muy caras.		×
4 Las alcachofas están bien de precio.		×
5 Sólo necesita naranjas para zumo.		×
6 Quiere chirimoyas grandes.		×
7 Quiere plátanos más bien duros.	×	
8 Por hoy no quiere nada más.	×	

8 Trini es española: ¿ser? ¿estar?

Trini **es** española. **Es** alta y delgada.
Es cajera. Trabaja en un supermercado. Pero esta semana no trabaja. **Está** enferma. **Está** en casa. **Está** muy cansada.
Tiene un hermano que **es** taxista. El **está** casado con una madrileña, Victoria, que **es** muy simpática.
Hoy **es** miércoles. **Es** el diez de mayo. Victoria va a visitar a Trini en su casa. La puerta **está** abierta. Victoria entra. La sala **está** vacía. Trini **está** en su habitación. **Está** en la cama.
– Hola, Trini. ¿Cómo **estás**?
○ Hola, Victoria. Hoy **estoy** un poco mejor. Pero **estar** todo el día en la cama **es** muy aburrido.
– Sí, claro. Mira, te traigo unas uvas. **Son** de Almería. **Son** muy dulces.
○ Gracias, Victoria. Tú **eres** una buena amiga.

10 Mi madre no quiere

1 – ¿Por qué no visitas a Paco?
○ Mi madre no quiere que le visite ahora.
2 – ¿Por qué no invitas a Anita?
○ Mi madre no quiere que la invite ahora.
3 – ¿Por qué no llamas a los Gómez?
○ Mi madre no quiere que los llame ahora.
4 – ¿Por qué no comes las gambas?
○ Mi madre no quiere que las coma ahora.
5 – ¿Por qué no escribes la carta?
○ Mi madre no quiere que la escriba ahora.

11 El carnavalito

1 La canta un muchacho para una «cholita».
2 No, la acompañan un erque, un charango y un bombo.
3 En Alemania el carnaval se festeja ...

40 Perú: dos caras de la misma moneda

1 Cinco fotografías

Lösungsvorschlag:
1
El profesor ha traído las fotos 1 y 4, el alumno las fotos 2, 3, y 5.

2
a) Un poblado indígena.
b) Machu Picchu.
c) La catedral de Lima.
d) Un «pueblo joven».
e) Una casa elegante.

3
a) En muchos poblados indígenas viven de forma primitiva.
b) Machu Picchu – un monumento impresionante de la cultura inca.
c) Lima, la capital, es una ciudad muy bonita.
d) Un barrio pobre de la capital.
e) En algunos barrios hay casas elegantísimas.

2 Un argentino habla de Argentina ... y de Europa

Hörverstehenstext:
– Señor Martinelli, su apellido no parece demasiado español. ¿Usted es argentino?
○ Sí, sí.
– Pero de origen ...
○ Italiano.
– Su familia es de origen italiano.
○ Sí, sí.
– Pero usted es nacido en Argentina, ¿no?
○ Sí, claro, en Buenos Aires.
– ¿Es cierto que en Argentina casi solamente hay personas de origen europeo?
○ La inmensa mayoría es de origen europeo.
– ¿De qué países?
○ De Italia, de España principalmente, ¿no? Y también de Centroeuropa: Alemania, Austria ...
– ¿Y los turcos? Porque he oído hablar de los turcos en Argentina. ¿Hay muchos emigrantes procedentes de Turquía?
○ La mayoría de los llamados «turcos» son siriolibaneses, en realidad.
– Vienen de Siria y de Líbano ... pero todos se llaman «turcos» en Argentina.

○ Sí, les llamamos así, sí.
– ¿No es una palabra ofensiva en Argentina?
○ No, no, al contrario, no.
– ¿Usted lleva mucho tiempo fuera de su país?
○ Sí, muchos años.
– ¿Puede decirme por qué salió de Argentina? ¿Por qué dejó el país?
○ Por ganas de conocer, ansia de aventura, digamos.
– ¿Es típico eh ... argentino-aventurero?
○ No sé, no sé si es típico.
– Pero usted salió por ansias de aventura y vino a parar a Europa Central. ¿Hay algunas cosas que ... le gusten menos, como es natural, y otras que le gusten más, comparando Argentina y Europa Central?
○ Sí, claro. Hay diferencias muy grandes. Por ejemplo el estilo de vida, que es una cosa muy repetida, ¿no? Pero es muy diferente. Por ejemplo, en ... en Argentina se vive en la calle. Es un poco como en España y otros países ... latinos.
– Sí. Eso le gusta menos en Alemania, lo entiendo, pero habrá algunas cosas que le gusten más en este país ...
○ Sí, hay cosas que me gustan mucho más. Por ejemplo el ..., la organización social, el tipo de orden en la comunidad ... Eso ... son cosas positivas para mí.
– ¿Usted vuelve de vez en cuando de vacaciones a su país?
○ Sí.
– ¿Le gusta volver?
○ Sí, mucho.
– ¿Qué es lo que más le alegra cuando vuelve a Argentina de vacaciones?
○ Volver a encontrar a los amigos ...
– Los amigos, naturalmente. ¿Y el estilo de vida, como decía antes, quizá también?
○ Claro, claro. A mí me gusta, por ejemplo, disfrutar mucho de Buenos Aires, que es mi ciudad.

Hörverstehensübung:

1	¿De qué países procede la mayoría de los argentinos?	☐ Turquía ☒ Italia y España ☐ Siria y Líbano
2	El señor Martinelli salió de Argentina	☐ porque no le gustaba el perfeccionismo ☐ por motivos familiares ☒ por ansia de aventura
3	De Alemania le gusta(n) sobte todo	☐ el contacto humano entre las personas ☐ el aspecto cultural ☒ el orden y la organización
4	Cuando piensa en Argentina, se acuerda mucho	☐ del clima ☒ del tipo de vida ☐ de la organización

3 Adverbios – Adverbien

solamente	solo
personalmente	personal
justamente	justo
enormemente	enorme
prácticamente	práctico
realmente	real
definitivamente	definitivo
directamente	directo
seguidamente	seguido
generalmente	general
normalmente	normal
justamente	justo
sencillamente	sencillo
seguramente	seguro
igualmente	igual

6 Estuve en Perú

– ¿Es verdad que tú **estuviste** en Perú el año pasado?
○ Sí, **estuvimos** mi mujer y yo.
– ¿ **Pudiste** vivir un poco con los peruanos y hablar con ellos o **fuisteis** allí con un viaje organizado?
○ No, no, nada de viajes organizados. **Pudimos** vivir unas semanas con la gente de allí. No nos gusta nada ir, hacer cincuenta fotos y volver.
– Yo también **pude** pasar un mes, o casi, con una familia. **Estuve** allí con un matrimonio peruano. Bueno, con una amiga suiza que está casada con un peruano.
○ Para mí, pasar algún tiempo en el extranjero siempre es agradable. Y además, se aprende mucho.

7 Cuando viaje a Italia

1 – ¿Cuándo vas a necesitar las liras?
○ El mes que viene, cuando **viaje** a Italia.
2 – Oye, ¿cuándo **traes** las fotos de tu viaje?
○ Cuando **hablemos** de Chile la semana que viene.
3 – ¿Cuándo nos **cuentas** cosas de México?
○ No sé. Bueno, cuando **tratemos** ese tema en clase.
4 – ¿Cuándo **necesitas** los libros?
○ En octubre, cuando **empiece** en la Universidad.
5 – ¿Cuándo **busca** Mari Cruz la cámara fotográfica?
○ No sé, cuando la **necesite**.
6 – Y tú, ¿cuándo **hablas** con tu hermana?
○ Esta tarde, cuando **llegue** (ella) a casa.

8 La capital de Perú es ...

1 Capital del Perú. → Lima
2 Río que nace (entspringt) en Perú y desemboca (mündet) en el Océano Atlántico. → Amazonas
3 Animal que da lana. → Llama
4 Uno de los más conocidos escritores (Schriftsteller) peruanos. → Vargas Llosa
5 Conquistador (Eroberer) español. → Pizarro
6 Ciudad inca situada a unos 2.280 metros sobre el nivel del mar. → Machu Picchu
7 Idioma hablado por los indios (y por muchos otros peruanos). → Quechua
8 Pájaro muy pequeño. → Colibrí
9 Antiguo centro del reino inca. → Cuzco
10 Jefe de la rebelión (Aufstand) contra los españoles en 1780-1781. → Tupac Amaru
11 Nombre de un grupo guerrillero („Leuchtender Pfad“). → Sendero Luminoso
12 Moneda del Perú. → Inti

9 Traigo de Cuba un cantar

De Cuba traigo un cantar
hecho de palma y de **sol**
Cantar de la **vida nueva**
y del trabajo creador.

Traigo un cantar de mi Cuba,
de Cuba traigo un cantar.

De Cuba traigo un cantar
para el **ensueño** mejor.
Cantar para la **esperanza**
para la luz y el **amor.**

Traigo un cantar de mi Cuba ...

De Cuba traigo un cantar
en cuya nota mejor
vibra la campana **alegre**
de la alegría mayor.

Traigo un cantar de mi Cuba ...

De Cuba traigo un cantar
donde nace la pasión
de la más honda ternura
y del más tierno calor.

De Cuba traigo un cantar
para tu **dulce** candor,
para decirte hasta luego
con esta dulce **canción**.

Traigo un cantar de mi Cuba ...

Un poco más sobre España
(Fakultative Texte und Übungen)

A El centro de España

1 El acueducto de Segovia

1 acueducto → a) Segovia
2 molinos de viento → g) La Mancha
3 El Greco → e) Toledo
4 arte mudéjar → c) Aragón
5 construcciones romanas → d) Mérida
6 pistas y telesquís → h) Navacerrada
7 conquistadores → f) Extremadura
8 castillo → b) Castilla

3 En el centro de España

1 En Toledo se puede visitar la casa de
- ☐ Picasso.
- ☒ El Greco.
- ☐ Goya.

2 Durante la Reconquista luchan
- ☐ los árabes contra los vascos
- ☒ los cristianos contra los árabes.
- ☐ los árabes contra los judíos.

3 De Extremadura es
- ☐ Cristóbal Colón.
- ☐ Isabel la Católica.
- ☒ Hernán Cortés.

4 En los Pirineos se encuentra el parque natural de
- ☐ Doñana.
- ☒ Ordesa.
- ☐ Picos de Europa.

5 El río Duero pasa por
- ☒ Soria.
- ☐ Mérida.
- ☐ Segovia.

4 Wie sagt man da?

Lösungsvorschlag:

1 A ver ... ¿Puedo mirar el plano?
2 ¿Ha estado usted ya en Toledo? ¿Le gusta El Greco?
3 ¿Hace mucho que vive(s) en ...?/¿Desde cuando está(s) en ...?
4 Lo siento.
5 Un momento, por favor.
6 ¿Vamos a dar una vuelta?

5 ¿Tú eres de Ávila?

Hörverstehenstext:

– Oye, Conchi, yo tengo muchas ganas de ir a Ávila. Tú eres de Ávila, ¿verdad?
○ Sí, soy de allí.
– ¿Y cómo es eso?
○ Pues es una ciudad muy bonita. Es pequeña pero es muy bonita.
– ¿Y cómo se llega a ...?
○ Fácilmente, porque tiene muchos medios de comunicación y además está cerca de Madrid. Sólo está a ciento trece kilómetros por carretera y puedes ir en tren, en autobús, en coche particular ..., de cualquier manera.
– ¿Y te gusta más que Madrid, Ávila?
○ Sí, mucho más.
– ¿Por qué?
○ Pues porque es una ciudad más íntima, pequeña, menos complicada que Madrid.
– ¿Y hay cosas que ... que se pueden visitar? ¿Es interesante?
○ Hay muchas cosas. Quiero que vengas un día y te las enseño, porque hay muchas cosas que ver. Tenemos una preciosa catedral, que es una joya del románico. Hay muchas iglesias, muchos monumentos ...
– Es la ciudad de Santa Teresa, ¿verdad?
○ Es la ciudad de Santa Teresa. Todo el mundo la conoce como ciudad de Santa Teresa. Pero te advierto que hace muchísimo frío. Estamos a mil doscientos metros sobre el nivel del mar y esto se paga con el frío.
– Bueno, cuando tengas unos días libres sí que voy a verte.
○ Prometo que yo te lo enseño todo.

Hörverstehensübung – Lösungsvorschlag:

1 Ávila está en el centro de España.
2 No, está a unos ciento trece kilómetros de Madrid.
3 Se puede ir en tren, en autobús o en coche.
4 En invierno hace muchísimo frío.
5 La temperatura se debe a que Ávila está a mil doscientos metros sobre el nivel del mar.

6 Ya se van los pastores

Hörverstehenstext – Hörverstehensübung:

Ya **se van** los pastores
a la Estremadura.
Ya **se queda** la sierra
triste y oscura.

Ya **se van** los pastores
hacia la majada.
Ya **se queda** la sierra
triste y callada.

Ya **se van** los pastores,
ya **se van** marchando.
Más de cuatro zagalas
quedan llorando.

B_El sur de España

2 Un poco de vocabulario

1 rico → pobre
2 salado → dulce
3 junto → separado
4 antiguo → moderno
5 bien → mal
6 hermoso → feo
7 primero → último

3 Pintura → pintar

1 plantación → plantar
2 inversión → invertir
3 compra → comprar
4 trabajo → trabajar
5 pintura → pintar
6 exageración → exagerar
7 cultivo → cultivar
8 producción → producir
9 existencia → existir
10 posesión → poseer
11 contaminación → contaminar
12 búsqueda → buscar
13 cambio → cambiar
14 emigración → emigrar
15 conocimiento → conocer
16 vuelta → volver

4 Andalucía es sobre todo ...

1 Boabdil → e) fue el último rey árabe.
2 Productos agrios → f) son limones y naranjas.
3 En verano → g) la escasez de agua es preocupante.
4 El Mar Menor → h) es una laguna de agua muy salada.
5 Antonio Machado → a) nació en Sevilla en 1875 y murió en Francia en 1939.
6 En algunos pueblos de Jaén → c) se encuentran apellidos de origen alemán.
7 Los árabes → b) dominaron (beherrschten) la Península durante más de ocho siglos.
8 En la región de Murcia → d) hay montañas casi desérticas.

8 El cumpleaños de Trini – Trinis Geburtstag

Lösungsvorschlag:
– Oye, mañana es el cumpleaños de Trini.
○ ¿De verdad? ¿No es en agosto?
– No, mañana, seguro. ¿Le regalamos un libro?
○ Buena idea ¿Pero qué libro?
– Pues no sé ... ¿Cómo se llama el último libro de Vargas Llosa?
○ No lo sé.
– Algo con «muerte», ¿no?
○ No, hombre/mujer, no. Ese es un libro de García Márquez.
– ¡Ah, sí! ¿Algo con «guerra», entonces?
○ Espera. Creo que se llama «La guerra del fin del mundo».
– Ah, sí, claro.
○ Oye, ¿tienes tiempo tú para comprarlo? Es que tengo que hacer un par de recados.
– Yo sí, sin problema. Lo compro esta tarde.
○ ¡Estupendo!

C _ El este de España

1 Algunas preguntas

Lösungsvorschlag:

1 En el este de España se hablan el castellano y el catalán.
2 Las regiones del este de España son: El País Valenciano, Cataluña y Las Islas Baleares.
3 Significan que Cataluña ocupa alrededor del 6% del territorio de España, tiene menos del 15% de la población total del país y produce casi el 25% de los productos industriales españoles.

2 Figueres, una ciudad catalana

calle	carrer
plaza	plaça
estación	estació
parque	parc
paseo	passeig

3 Paella valenciana (siehe rechte Spalte)

4 Tiendas

B	L	O	N	C	A	T	R	I	A	M	A	R
A	L	T	A	R	I	S	M	U	I	Ñ	I	N
R	A	R	R	A	L	U	X	A	R	A	Z	I
A	Q	U	M	I	L	P	A	T	E	Z	A	Z
I	U	T	R	R	O	E	P	A	L	Ñ	I	R
R	E	A	L	T	O	R	A	N	U	F	A	G
E	V	A	P	O	R	M	A	L	D	U	N	A
U	X	I	T	A	M	E	V	E	R	I	C	O
Q	U	E	S	M	F	R	U	T	E	R	I	A
S	A	S	T	O	R	C	U	N	V	I	R	R
I	V	A	M	A	L	A	X	A	Z	B	E	N
R	E	L	A	J	A	D	R	I	M	O	N	T
A	I	R	E	L	L	O	P	A	P	L	E	E
M	O	R	T	I	L	L	U	C	A	I	N	D

3 Paella valenciana

- Corta/Corte el pollo en ocho trozos.
- Calienta/Caliente el aceite.
- Fríe/Fría el pollo.
- Añade/Añada el arroz.
- Añade/Añada agua hirviendo (6 tazas de café).
- Añade/Añada tomates, cebollas, azafrán, guisantes y sal.
- Deja/Deje hervir 20 minutos.
- Añade/Añada mariscos, limones y pimientos.
- Sirve/Sirva.
- ¡Que aproveche!

6 ¿Tú eres catalana?

Hörverstehenstext:

– Hola, catalana, buenos días. ¿Qué tal?
○ Hola, buenos días, madrileño.
– Es verdad. Yo soy madrileño, tú eres catalana. A pesar de todo, ¿nos entendemos o somos muy distintos?
○ Yo creo que sí que nos entendemos. Tenemos lenguas distintas, pero los dos somos españoles.
– Es verdad, es verdad. Eh ... Yo diría que los catalanes tenéis la suerte de aprender dos idiomas desde el principio, desde niños. ¿Es así?
○ Tienes razón. Aprendemos ya en el colegio el catalán y el castellano al mismo tiempo.
– ¿Tú aprendiste bien el catalán?
○ En la época ... cuando yo iba al colegio, no se aprendía el catalán. Pero los niños de ahora sí pueden aprender el catalán.
– ¡Qué suerte! ¡Qué suerte! Oye, dime algo en catalán.
○ «Bon día. ¿Come estás?»
– ¡Qué bien! eso se entiende. «Buen día, ¿cómo estás?», ¿verdad?
○ Perfectamente.
– Dime otra cosa, otra cosa ... un poco más difícil.
○ Pues, por ejemplo: «Avuí fa sol».
– Oh ... Me parece que también lo entiendo: «Hoy hace sol».
○ Muy bien.
– ¿El catalán es fácil para los que hablamos el español?
○ Para los que habláis español, sí. Para los extranjeros no tanto.

– No tanto. Lo creo. Eh ... Cristina, dime, por favor, algunas cosas típicas, especiales de Cataluña.
○ Pues mira. Dicen que los catalanes, comparado(s) con el resto de los españoles, son más serios, pero más trabajadores.
– ¡Cuántas virtudes tienen los catalanes! ¿Y alguna cosa quizá ... no tan buena?
○ Son más cerrados. Es más difícil establecer contacto con ellos.
– Sí. ¿Cómo los alemanes quizá?
○ Sí, un poquito.
– Ajá ... ¿Y también son los catalanes muy ahorradores, como dicen?
○ Sí, dicen que sí y es verdad.
– En Cataluña hay también – he oído – muchos inmigrantes. Eh ... tanto casi como catalanes. ¿Es cierto? ¿De dónde vienen los inmigrantes que viven y trabajan en Cataluña?
○ Sí, es verdad. Los inmigrantes que trabajan en Cataluña vienen sobre todo del sur, de Andalucía, de Extremadura y de Galicia porque son las regiones más pobres que Cataluña.
– ¿Y extranjeros también hay en Cataluña?
○ Sí, extranjeros también hay unos cuantos, pero hay mas inmigrantes.
– Lo creo. Lo que sí hay son cantidades increíbles de turistas , ¿verdad?
○ Sí, es verdad. Demasiados.
– En la costa, ¿no?
○ En la costa. Y han destrozado completamente toda la costa.
– ¡Qué pena! Sí yo voy ... Quiero ir una vez a Cataluña, ¿tú qué me recomiendas, Cristina?
○ Pues mira, en el interior te recomiendo Taull, que es un pueblo muy antiguo y muy típico. Y, si prefieres la costa, Cadaqués ... en la Costa Brava.
– Cadaqués. Cadaqués tiene algo que ver con Dalí, ¿no es cierto?
○ Sí. Dalí tenía una casa muy bonita, con un huevo muy grande.
– ¿Y cómo se llama ese pueblo del interior?
○ Taull.
– ¿Es muy bonito? ¿Es típico, tradicional? ¿Es limpio, poco contaminado?
○ Sí, efectivamente. Muy tradicional, con poca contaminación y con una comida excelente. Típica catalana.
– ¿Qué te parece? ¿Vamos este verano a pasar unos días en Cataluña?
○ Estupendo.

Hörverstehensübung – Lösungsvorschlag:

1 No, los niños de ahora sí aprenden el catalán en el colegio. Antes estaba prohibido.
2 No, para los españoles que hablan castellano el catalán es bastante fácil.
3 Se dice que son más cerrados que el resto de los españoles y muy ahorradores.
4 Casi todos los turistas que van a Cataluña suelen ir a la costa.
5 Cristina recomienda Taull, que es un pueblo muy antiguo y típico, y Cadaqués.
6 No, Taull está en el interior y Cadaqués está en la costa.
7 Taull es un pueblo muy tradicional y con una comida excelente. En Cadaqués hay una casa de Dalí.

7 Las Islas Baleares

Lösungsvorschlag:

2

a) Las islas Baleares tienen una historia común pero son muy distintas.
Mallorca es una isla montañosa. La capital, Palma, es muy elegante.
Menorca es una isla llana. Las ciudades más importantes son Mahón y Ciudadela.
En Ibiza viven muchos turistas que buscan una nueva forma de vida.

b) Chopin pasó en 1838 unos meses en Mallorca. Vivió en Palma.
Camilo José Cela también vivió muchos años en Mallorca.
George Sand vivió en Palma con Chopin.
La Familia Real pasa muchas veces sus vacaciones allí.

c) El nombre «mahonesa» (mayonesa) viene de Mahón, capital de Menorca.
Las perlas (artificiales) de Mallorca son famosísimas en todo el mundo.
La «taula» es un monumento (megalítico). Son dos piedras muy grades en forma de T. Las hay tanto en Mallorca como en Menorca.

D El norte de España

1 ¿Cómo se hace?

1 En la Rioja **se producen** algunos de los mejores vinos de España.
2 En el norte **se produce** casi la mitad de la leche que **se necesita** en España.
3 Los hórreos **se construyen** como almacenes de grano.
4 De la manzana **se hace** la típica bebida asturiana, la sidra.
5 Cuando dos vascos hablan en su idioma, no **se entiende** nada.
6 Aquí **se habla** español.
7 En España **se hablan** muchas lenguas.

5 ¿Sí o no?

Andalucía es, sobre todo una región industrializada.	→ NO	C
Hay una industria FASA Renault en Valladolid.	→ SI	O
La lengua oficial de Andorra es el catalán.	→ NO	R
Madrid tiene dos millones de habitantes.	→ NO	R
En Andalucía casi todos los campesinos tienen tierra propia.	→ NO	E
España exporta tres millones de toneladas de naranjas al año.	→ NO	C
En Cataluña hay muchas industrias.	→ SI	T
La capital de México tiene cinco millones de habitantes.	→ NO	O

La palabra es:
CORRECTO.

6 El País Vasco y el Euskera

Hörverstehenstext:
– Hola, Asun. Tú no eres alemana, ¿verdad? ¿De dónde eres?
○ Yo soy de un pueblecito de San Sebastián. Eh ... correctamente de Lezo. Y es muy conocido este pueblo por el Cristo de Lezo.
– Es decir, del País Vasco. ¿Echas de menos tu tierra viviendo ... Porque llevas ya muchos años viviendo en Alemania, ¿verdad?
○ Ya. Llevo ya 25 años viviendo en Alemania y naturalmente me he acostumbrado ya a vivir aquí. Pero todos los años voy de vacaciones a España y naturalmente me tira mucho aquello. Es el «choco».
– ¿Por qué? Eh ... ¿Para ti es especialmente hermoso el País Vasco? ¿O hay, no sé ... las playas, las montañas ...?
○ Sí. El paisaje es maravilloso. Cada verano me suelo extasiar yo cuando estoy en la playa, por ejemplo, de la Concha, en San Sebastián. El paisaje es tan verde, tan montañoso ... Y, al mismo tiempo, la costa es tan brava y tan bonita ...
– Te gustan las playas y las montañas del País Vasco.¿Están ... está cerca la costa de las montañas?
○ Sí, las montañas acaban precisamente en la costa, en muchas ocasiones. Y eso es lo bonito.
– Si ... yo te pido un consejo para ir al País Vasco, ¿tú que me dirías, Asun?
○ Pues mira, yo te recomendaría, por ejemplo, Fuenterrabía, que es un pueblo muy bonito, muy tranquilo ...
– Cerca de la frontera, ¿no?
○ Cerca de la frontera. Tiene un ... Es un paisaje precioso, se divisa toda Francia, Hendaya ... Eso es delicioso.
– Ya, pero no me gustaría ir a una zona industrial, porque he oído que hay mucha industria en el País Vasco. Más bien a un sitio tranquilo.
○ Pues Fuenterrabía es un sitio tranquilo. Porque tiene una parte industrial, pero que está separada totalmente de la parte de la costa, de la playa.
– Oye, y si vamos al País Vasco, ¿tú crees que tendríamos dificultades a causa del idioma? Porque en el País Vasco tenéis un idioma propio, el «euskera», ¿no?
○ Exactamente. Nosotros hablamos el «euskera». Y es un idioma muy difícil de entender. Pero no hay ningún problema. Allí todo el mundo habla castellano. Y si tú hablas castellano, nadie te contesta en «euskera».
– ¿Es muy difícil el «euskera»? ¿No se entiende prácticamente nada?
○ No, no se entiende.
– Dime, dime algo en «euskera», por favor.
○ «Hemendik lau hilabetetara joango naiz oporretan Donostiara»

– ¡Ay, Dios! Nada, nada, nada. Otra vez, por favor.
○ «Hemendik lau hilabetetara joango naiz oporretan Donostiara»
– ¿Me lo traduces, por favor?
○ «Dentro de cuatro meses voy a ir de vacaciones a Donostia, a San Sebastián.»
– Muchas gracias, Asun.

Hörverstehensübung – Lösungsvorschlag:
1 Asun es de un pueblecito cerca de San Sebastián.
2 Lleva ya 25 años viviendo en Alemania.
3 Sí, todos los años va de vacaciones a España.
4 El paisaje es muy verde y montañoso y tiene una costa muy bonita.
5 Fuenterrabía está en el País Vasco, muy cerca de la frontera con Francia.
6 No, la mayoría habla también el español.

7 Desde Santurce a Bilbao – Una canción

Hörverstehendsübung – Lösungsvorschlag:
1 Según el texto, vende las sardinas una mujer joven.
2 Porque las sardinas son muy caras.
3 Dice: «Frescu» es. – ¡Qué ricas son! – Son de Santurce.
4 Santurce está muy cerca de Bilbao y tiene mucha industria pesquera.

8 ¿Galicia una región poco conocida?

Hörverstehenstext:
– Manolo, tú eres gallego ¿no?
○ Pues sí.
– Tu región, Galicia, es quizás una de las menos conocidas fuera de España. ¿Por qué?
○ Bueno, está muy lejos de aquí: dos mil quinientos kilómetros. Una separación geográfica ... Y está allá, en una esquina ... Muchos conocen Santiago de oídas, pero lo sitúan no lejos del Golfo de Vizcaya y ... no se dan cuenta de que de allí allá pues ... hay seiscientos kilómetros todavía.
– Es verdad. Y el clima de Galicia, ¿es también motivo para que Galicia ... ? No sé ...
○ Bueno, los que van a Galicia no desprecian el sol, pero tampoco se echan a llorar si se lo tapan las nubes. Muchos van en busca de otros paisajes, o de algo nuevo, quizá sin aglomeraciones turísticas o costas terriblemente deformadas como en el Mediterráneo. Una gran parte de la gente tira a Santiago y hace la llamada «Ruta Jacobea».
– Muy interesante, claro. ¿Para qué tipo de turistas sería Galicia especialmente interesante?
○ Bueno, gente que tiene intereses culturales. Gente que se interesa por la naturaleza. Y gente que se interesa por conocer partes desconocidas de España.
– ¿Quieres decir que la ecología está un poco más cuidada, la contaminación no es tan grave en Galicia?
○ Yo no diría que la ecología está un poco más cuidada, sino que por el desarrollo de la región todavía no está tan perdida como en otros sitios.
– Entiendo, entiendo. Por otra parte, Manolo, muchos, muchísimos gallegos, he oído, han salido fuera de Galicia. Hay muchos emigrantes gallegos ... ¿Dónde? ¿En Europa? ¿En América?
○ La mayor parte de los emigrantes están sin duda en Sudamérica. Y ... en Sudamérica, concretamente, en Argentina, en Buenos Aires.
– ¿En Argentina hay muchos gallegos?
○ Sí. Y la capital tiene 400.000. Con ello es la ciudad del mundo que más gallegos tiene.
– Es verdad. He oído que Buenos Aires es como la capital de Galicia. ¿Es cierto?
○ Sí, desde los años treinta hasta los años sesenta fue prácticamente la capital de Galicia. Por muchas razones: periódicos, edición de libros, apoyo a instituciones gallegas que no podían desarrollarse en España ...
– Fuera de Galicia, Manolo, ¿el idioma es otra cosa que os une a los gallegos?
○ No tanto el idioma, sino el hecho de ser gallego con todo lo que lleva consigo. El idioma no lo hablan todos, sobre todo los que venían de zonas urbanas, por considerarlo como ... algo menos que el castellano.
– ¿Pero hoy no es así?
○ Hoy no es así. Hoy es exactamente al contrario.
– Dime algo ..., dime algo en gallego, por favor.
○ «¿Tomáche – lo sol xa hoxe?»
– ¡Ay, qué difícil! No he entendido bien. Otra vez, por favor.
○ «¿Tomáche – lo sol xa hoxe?»

Hörverstehensübung – Lösungsvorschlag:

1 Entre el Golfo de Vizcaya y Santiago hay unos seiscientos kilómetros.
2 Entre Stuttgart y Galicia hay unos dos mil quinientos kilómetros.
3 No, en Galicia no hay tanto turismo porque allí no hace tanto sol.
4 Según Manolo, el turista busca sobre todo en Galicia la naturaleza.
5 En los años treinta muchos gallegos emigraron a Sudamérica, sobre todo a Argentina.
6 Se dice que Buenos Aires es la capital de Galicia porque allí viven cerca de cuatrocientos mil gallegos.

Sprache und Kultur in Liedern erleben

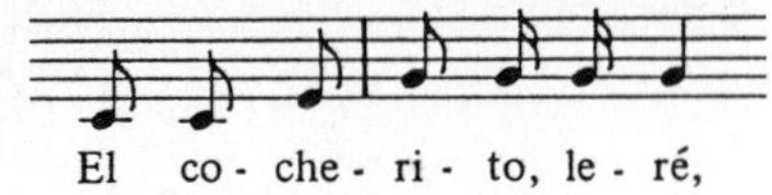

Zwei Spanisch-Liederbücher – nicht nur für den Unterricht. Lateinamerikanische und spanische Lieder werden von Lehrern gern eingesetzt und von Kursteilnehmern begeistert angenommen.
Die jetzt verfügbare Liedersammlung in zwei neuen Liederbüchern berücksichtigt die Schwerpunkte **Spanien und Lateinamerika.** Es handelt sich um leicht singbare Lieder mit Noten und Hinweisen zur Gitarenbegleitung.
Zu jedem der beiden Liederbücher gibt es eine Cassette mit Originalaufnahmen.

A cantar

52 Lieder mit Schwerpunkt Spanien (ca. 75 % spanische und 25 % lateinamerikanische Lieder). Beispiele katalanischer, baskischer, galicischer und sephardischer Lieder.
- Liedtexte (Spanisch und Deutsch)
- Kommentare (Deutsch)
- Vokabelhilfen (Spanisch-Deutsch)

Liederbuch **52531**
Cassette mit sämtlichen Liedern **52533**

Traigo un cantar ...

73 Lieder mit Schwerpunkt Lateinamerika (ca. 75% lateinamerikanische und 25% spanische Lieder). Liedtexte und Kommentare in Spanisch, Vokabular spanisch-deutsch. Die Lieder sind nach Themen geordnet:
- La patria de los cantores
- Trabajo y canción
- Canciones de amor
- Rincón juvenil
- Rincón infantil
- Canciones políticas
- Hechos y personajes históricos
- Canciones para reír, festejar y celebrar

Liederbuch **5253**
Cassette mit 35 ausgewählten Liedern **52537**